ESSAI

SUR

L'HISTOIRE MUNICIPALE

DE LA VILLE

DE VALENCIENNES.

..... Il serait curieux d'étudier .... le
gouvernement de ces villes qui ne voulurent
pas ou ne purent pas se former en Communes,
et où la présence continue d'officiers royaux,
Baillis, Prevots, etc. .... a fait trop légère-
ment supposer l'absence de droits politiques.

(*Aug. Thierry.* — Récits des temps
Mérovingiens. T. I. p. **304**.)

A Valenciennes,
TYPOGRAPHIE ET LITHOGRAPHIE DE A. PRIGNET
1841

Une des époques les plus intéressantes de notre histoire, au moyen-âge, est sans contredit celle qui vit naître et se développer nos libertés et nos franchises. De là date l'origine des *Communes*, de la *Bourgeoisie*, du *Tiers-Etat*. Aucune partie cependant n'est plus négligée par les annalistes de la contrée, témoins *d'Oultreman* et *Simon Le Boucq*. C'est à peine si le premier mentionne la plus ancienne et la plus importante de nos chartes municipales. — Sous ce rapport donc, comme sous beaucoup d'autres, l'histoire de notre cité est encore à faire.

La lecture des ouvrages de MM. *Guizot*, *Augustin Thierry*, *Raynouard*, etc., nous a suggéré l'idée de quelques recherches touchant l'histoire municipale de Valenciennes. Nous les publions aujourd'hui sous le titre d'*Essai*. — Ce n'est là qu'un premier jalon jeté sans beaucoup d'assurance dans une voie non frayée, et où l'erreur est facile.

Marquer la place que doit tenir notre ville dans l'histoire des libertés populaires, tel est le but de cet essai. La cité y trouvera des titres assez glorieux, selon nous, pour qu'elle se plaise à en voir raviver le souvenir.

AUG. DUBOIS.

2 *juillet* 1841.

AVANT-PROPOS.

Lorsque Rome, par instinct ou par destinée, marchait à la conquête de la Gaule, elle laissait aux vaincus leurs lois, leurs magistrats (1). La plupart des villes, avec le droit de cité romaine, recevaient le nom de *Municipes* (2). Ce droit, c'était pour elles la sauve-garde de ces franchises et de ces libertés dont le souvenir puissant devait se réveiller un jour au sein de l'anarchie et ramener à l'indépendance (3). Dans les muni-

---

(1) « Les cités gauloises, administrées par des sénats héréditaires, choisissaient leurs magistrats : elles furent transformées en municipes, en colonies, que gouvernèrent leurs sénats locaux et leurs magistrats électifs. (*Raynouard*. Histoire du droit municipal. Introduction, p. VIII.)

(2) Guizot. — Essai sur l'histoire de France, p. 7.

(3) » Les municipes étaient des cités qui déjà se gouvernant par leurs propres lois, avaient été admises à jouir du droit Romain... Les historiens ne fixent pas à moins de 115 ou 113 le nombre des cités qui dans les Gaules étaient soumises au gouvernement Romain. *Raynouard*, t. 1 p. 7 et 21.

cipes avait lieu la séparation des intérêts politiques d'avec les droits et offices municipaux. Ces derniers restaient attribués à la ville et s'exerçaient avec la plus entière indépendance; ils embrassaient le culte et les cérémonies religieuses, l'administration des biens et revenus du municipe, la nomination des magistrats qui en étaient chargés, et aussi la police municipale. Les magistrats du municipe étaient nommés par la masse des habitans, ou par les membres de la curie, c'est-à-dire, par les propriétaires d'un revenu territorial déterminé (1).

Mais la ville éternelle qui s'était agrandie pour mourir, penchait vers sa ruine. Le Nord et l'Orient menaçaient, par représailles, de verser le flot de l'invasion sur l'empire. Impuissante à ses dangers, impuissante à ses charges, Rome en rejeta le fardeau sur les pays conquis; — les institutions municipales devinrent pour la métropole, un instrument d'oppression et de ruine. Les revenus des municipes s'engloutirent à Rome entre les mains de ces tyrans éphémères qui s'arrachaient l'empire au plus offrant comme une dépouille opime. Le décurion dut pourvoir sur sa fortune personnelle à l'administration des villes; il devint pour le municipe l'esclave attaché à la glèbe, qui devait y périr, lui, ses enfans, corps et biens; —

---

(1) Guizot. p. 8 et s.

sa condition, qui était celle de tous les habitans aisés des municipes, fut la pire des conditions sociales (1). Mais le despotisme n'était point le seul dissolvant qui rongeât au cœur les institutions municipales. Près d'un pouvoir usé, flétri, en décadence, s'élevait dans l'ombre une société pleine de foi, d'ardeur, d'enthousiasme, qui rêvait l'empire du monde ; entre le despotisme et la société chrétienne, l'antique organisation municipale n'avait plus d'avenir (2).

Ce fut alors que commencèrent à s'agiter ces peuples que Rome appelait du nom de *Barbares* et qu'elle avait été troubler jusqu'au fond de leurs déserts. Ils passèrent le Rhin que César, le premier leur avait appris à franchir; ils trouvèrent dans un état complet d'anéantissement moral les magistrats, les habitans des cités de la Gaule (3).

En quittant le sol de la Germanie, les conquérans n'y avaient point oublié leurs lois, leurs institutions. Les souvenirs du *banquet* et de l'*association jurée* les suivirent sur la terre étrangère. — Un nouvel élément, celui de l'association, d'où devait jaillir un jour l'esprit de résistance populaire, se mêla tout d'abord aux ins-

---

(1) *Ibid.* p. 16 et s.

(2) .... « L'immunité ecclésiastique maintint, tout en contribuant à l'altérer, le régime municipal des villes anciennes... » (Aug. Thierry Récits des Temps Mérovinghiens t. 1, p. 248).

(3) Guizot. Essais, etc., p. 24.

titutions de la Gaule ; mais là ne s'arrêta point l'influence de la conquête (1).

Dans le monde Romain, c'était au sein des villes que se concentrait la population, que résidaient les hommes puissans de l'époque, — la conquête modifia ce fait (2). Fidèles à leurs habitudes d'outre-Rhin, les conquérans s'isolèrent au milieu des campagnes et à l'ombre des châteaux qu'ils y élevèrent vint se grouper une population active et laborieuse. L'industrie et le commerce y naquirent et quelques-unes de ces agglomérations devinrent des bourgs, des villes. Les possesseurs de ces domaines reconnurent bientôt qu'ils avaient intérêt à favoriser le développement de ces agglomérations ; ils leur accordèrent des privilèges, des franchises (3), des libertés municipales en un mot, dont le voisinage de quelque ancien municipe leur fournissait l'exemple (4).

---

(1) Aug. Thierry. Récits des Temps Mérovinghiens, t. 1, p. 268 et s.

(2) *Ibid*. P. 227 et Guizot, histoire de la civilisation en France, t. 5, p. 197.

(3) Guizot. Histoire de la civilisation en France, t. 5 p. 139.

(4) « C'est aux extrémités septentrionales de l'ancienne Gaule que se rencontrent les preuves les plus étonnantes de l'incroyable vitalité du régime municipal... C'est d'Arras et de Tournai que ce droit s'est répandu dans les grandes communes de la Flandre et du Brabant... » (Aug. Thierry. Récits, etc., t. 1. p. 256 et s.

Quant aux anciennes villes romaines, où quelques lambeaux des institutions municipales s'étaient conservés entre les mains du clergé, devenu seul dépositaire du pouvoir (1), leur puissance comme leurs libertés, furent presque toujours en décadence du v.ᵉ au x.ᵉ siècle, c'est-à-dire, durant le chaos qui précéda l'assiette du régime féodal.

Mais à peine la féodalité eut-elle succédé à l'anarchie, que le peuple plus opprimé retrouva quelque énergie. De nombreuses tentatives eurent lieu pour briser ou modifier dans les villes, le pouvoir seigneurial, soit des évêques, soit des comtes (2). Une impulsion étrangère, partie d'au-delà des Alpes (3), seconda ce mouvement d'indépendance et le généralisa (4).

---

(1) Guizot. Essais, etc., p. 51, 217, 220. Aug. Thierry. Récits, etc., t. 1, p. 247.

(2) Aug. Thierry. Récits, etc., p. 265.

(3) « Les premières institutions libérales avaient été apportées du Nord aux Romains dégénérés. Mais le mouvement rétrograde du Midi au Nord, dans le développement du système républicain, est aussi un phénomène constant et très-remarquable. » (*De Sismondi*, histoire des républiques italiennes du moyen-âge. T. 1, p. 402.)

(4) « .... Le mouvement ne s'arrêta pas en Italie, il passa les Alpes et se propagea dans la Gaule ; il gagna même au bord du Rhin et du Danube, les anciennes cités de la Gaule. » (*Aug. Thierry*. Récits, etc., t. 1, 265.)

Les villes s'insurgèrent, le peuple s'affranchit, les communes naquirent ; ce fut une ère de liberté et d'indépendance dont l'Italie et la Gaule avaient puisé le principe dans les débris ou dans les souvenirs de la municipalité romaine (1).

Si donc nous rencontrons dans le moyen-âge, quelque ville jouissant d'institutions libres, et si nous reconnaissons qu'elle ait acheté au prix du sang ses institutions et ses franchises, nous l'appellerons, quelle que soit son origine, du nom glorieux de *Commune*; — si rien ne révèle en son passé l'histoire de ces luttes opiniâtres et héroïques, où l'homme combattait pour la plus chère des libertés, la liberté municipale, nous la tiendrons, selon son âge, ou pour *Municipe romain*, ayant survécu à l'empire, ou pour une de ces villes nées à l'ombre du château féodal (2), et à qui le seigneur et maître avait octroyé, par intérêt, des franchises que d'autres devaient conquérir par les armes.

---

(1) Aug. Thierry. Lettres sur l'histoire de France. L. XV. « Ce mouvement avait son foyer partout où subsistaient depuis le temps des Romains, d'anciennes villes municipales. » *Ibid.* L. XVI. — Guizot, histoire de la civilisation en France. T. 5, p. 159 et s.

(2) Guizot. Histoire, etc., t. 5, p. 144 et s. *Raynouard*, t. 2, p. 251.

ESSAI

SUR

L'HISTOIRE MUNICIPALE

DE LA VILLE

DE VALENCIENNES.

CHAPITRE I.

ÉTABLISSEMENT DE PAIX. — MCXIV.

L ES droits des peuples ne sont jamais écrits,
» ou du moins, les actes constitutifs, les
» lois fondamentales écrites ne sont ja-
» mais que des titres déclaratoires de
» droits antérieurs (1)... » C'est là une vérité que le

---

(1) *M. de Maistre.* — Considérations sur la France.

présent révèle, que le passé confirme. Les institutions ne créent pour ainsi dire rien *à priori*, elles transforment en droit l'exigence d'un fait. Ainsi firent les chartes communales au moyen-âge. Elles révélèrent l'existence de libertés et de franchises, dont l'origine nous échappe : il en est de l'origine des villes et de leurs libertés comme de la première enfance ; l'homme n'en peut avoir qu'un sentiment vague, qu'un souvenir confus.

Le premier monument qui relate l'existence de nos libertés municipales, remonte à MCXIV. Valenciennes faisant alors partie du comté de Hainaut, avait pour comte Baudouin III. Cette ville qui renfermait une nombreuse population, n'avait pour ainsi dire pas de loi (1), mais seulement des coutumes, et par cela même était peu tranquille (2). Baudouin, avec le

---

(1) *Quasi nulli legi subjacere.* Chronica Gisleberti, p. 57.

(2) *Undè ipsa villa minimá pace gaudebat*, dit Gislebert en sa chronique. Cette version n'est pas celle de Simon Leboucq et de d'Oultreman, qui font dire à Baudouin ; *voyant la ville qui jouissait d'une très-grande paix*. Quoi qu'il en soit, le texte de Gislebert, auteur contemporain, paraît mériter toute créance. Ce qui confirme du reste la version de Gislebert, c'est l'éloge quelque peu emphatique de la paix qui sert de préambule à la charte dont nous parlons dans la traduction qu'en rapporte Simon Leboucq : » La paix chérie de Dieu, la paix amie des bons et ennemie des méchans...., quelle chose est plus douce et plus glorieuse que la paix ; — Paix enrichit le pauvre et met le ri-

conseil et l'assentiment de ses vassaux, y institua une loi qui porta le nom de *Paix*. — Cette loi donnée en latin, dont le texte original est rapporté par Jacques de Guyse dans ses annales (1), fut tout à la fois, et une œuvre de législation et une œuvre politique. Une foule de dispositions s'y rencontrent sur les attentats contre les personnes et les propriétés. Le caractère dominant de cette loi est celui d'une loi de police; elle est, pour ainsi dire, une application locale de la *Trêve-de-Dieu* (2), et des grandes institutions de

---

che en honneur; paix apporte santé et sûreté; quel est celui qui pourrait dire tous les biens que paix fait éclore..... » Pour faire un si pompeux éloge de la paix, ne fallait-il pas avoir à la désirer. On pourrait donc en conclure qu'avant la charte de Bauduin il y avait *guerre* dans la ville; mais était-ce une guerre entre les bourgeois et le comte, une de ces luttes qui se terminaient par une Charte de commune qu'on a quelquefois appelée *Institutio pacis ?* (V. la commune de Laon). Malheureusement nos chroniques sont muettes à l'endroit de cette guerre, et la charte de 1114 seule ne nous permet peut-être pas de revendiquer le titre de commune dans toute sa vérité. — Dans sa traduction de J. de Guyse, M. le Marquis de Fortia paraît cependant adopter une opinion contraire; le savant académicien a toujours traduit *pax* par le mot *commune*.

(1) Le titre original n'est pas arrivé jusqu'à nous. Simon Leboucq dans son histoire civile de Valenciennes, en donne une traduction *en langue vulgaire*, faite en 1275 par un chanoine régulier de Saint-Jean en la ville de Valenciennes, messire Robert de Villers. Cette traduction se trouve encore dans le livre des privilèges dont nous parlerons plus loin.

(2) Vers la fin du XI° siècle quelques hommes pieux justement

paix que vit naître le XI.ᵉ siècle (1) ; mais quiconque la lira avec soin, y démêlera la reconnaissance formelle, si pas l'institution de droits municipaux.

Nous citons quelques dispositions au hasard :

« Tout jugement rendu par 16 *jurés* de la Paix (*jurati pacis*) sera bon et valable... Les décisions des *jurés* de la paix ne peuvent être critiquées..... Les chevaliers sont jugés par leur seigneur.... mais les bourgeois seront jugés par les *échevins* de la paix (*scabini pacis*)..... Les prévôts (*præpositi*) doivent être nommés, institués et établis d'après le conseil du comte et des *jurés* de la paix, et si le comte refuse aux *jurés* son assentiment, ils peuvent légalement instituer un *prévôt* de concert avec les hommes de la paix (*cum hominibus pacis*).... Quiconque aura été légitimement élu prévôt ou juré de la paix.... »

---

affligés des querelles et guerres incessantes qui bouleversaient l'humanité, prétendirent ou crurent peut-être, que le Ciel leur avait révélé un ordre de Dieu qui commandait aux hommes de tous les partis une *trêve* de quatre jours par semaine depuis la première heure du jeudi jusqu'à la première heure du lundi. Cette paix prêchée pour la première fois en 1035 par les évêques d'Arles et de Lyon fut appelée la *trêve de Dieu*.

(1) Dans les comtés de Flandre et de Hainaut, il y eut des essais d'application de la *trêve de Dieu* au régime municipal, établissemens distincts de la commune proprement dite, et qui tantôt avaient lieu sans elle, tantôt se combinaient avec elle.

Ces mots de *jurés*, *échevins* (1), *prévôts*, nous révèlent tout d'abord par leur signification même, des hommes qui se trouvaient à la tête de l'administration de la cité; — mais la paix de 1114 en parle comme d'un fait préexistant, qu'elle constate plutôt qu'elle ne l'institue : elle indique le mode d'élection pour le prévôt et non pour les jurés, pour les échevins, — de qui relevait l'élection de ces derniers? depuis quand existaient ces échevins, ces jurés, ces prévôts (2).

De là vient le nom de Paix, en concurrence avec celui de commune, et parfois associé avec lui. (*Aug. Thierry*. Récits, etc., p. 294.)

(1) La charte de Baudouin qui associe souvent les mots *jurés échevins*, les emploie-t-elle comme ne désignant qu'une seule et même classe de magistrats? La négative paraît résulter de divers titres de la fin du XII siècle, cités par d'Oultreman (histoire de Valenciennes, p. 358); — Ces titres sur lesquels se trouvent apposés quelques noms de Messieurs du Magistrat, désignent les uns comme *jurés*, les autres comme *échevins*. — Un peu plus tard toute distinction s'effaça entre ces deux mots, qui même réunis ne désignèrent plus qu'une seule et même chose. (d'Outreman, p. 354.)

Voici ce que nous trouvons à cet égard dans Aug. Thierry. (Récits, etc., p. 253 et s.) « Les scabins francs, ceux du comté ou du canton étaient de simples juges, mais les scabins romains, ceux de la Cité, réunissaient le double caractère de juges et d'administrateurs ... sous la féodalité le scabinat cantonnal disparut, le scabinat urbain subsista seul... Dès le X.ᵉ siècle, ceux auxquels les actes donnent le titre *Scabini*... *administrent en même temps qu'ils jugent*. »

(2) A la fin du XIe volume de sa traduction de J. de Guyse,

Rien ne nous permet d'indiquer d'une manière même approximative, l'origine et la création de ces autorités municipales. Remarquons seulement que la charte de MCXIV ne paraît contenir que la déclaration de droits antérieurs, la confirmation d'anciennes coutumes (1), et n'oublions pas qu'un droit pour être

---

M. le Marquis de Fortia cite plusieurs pièces extraites des *Grandes histoires du Hainaut par Jean Lefèvre*, qui lui paraissent, relativement à la Paix de 1114, d'une date au moins contemporaine si pas antérieure. Ces différentes pièces qui font l'objet de XV chapitres, traitent de plusieurs points de loi et coutume de la ville de Valenciennes. — Elles ne disent rien de plus que la charte de Baudouin sur les droits et sur les magistrats municipaux dont cependant elles semblent reporter l'existence à une époque plus reculée. Nous y avons remarqué la disposition suivante, qui nous rappelle quelque chose de ce droit d'asile dont Valenciennes jouissait de temps immémorial, s'il faut en croire la tradition : « Se ung serf vient à Valenchiennes » et y peuist demorer paisiblement an et jour et devenir bour- » gois, ainchois que requis soit de son seigneur à qui il est » serf ou de ses gens, il est toujours a franchis. » Telle est la première révélation écrite de ce droit tutélaire des sociétés encore dans l'enfance, et dont les coutumes qui nous régissaient lors de la révolution de 1789 nous ont transmis quelque souvenir. (*) Après les 15 chapitres dont nous parlons, Jean Lefèvre ajoute : « Toutes ces coutumes et lois sont prises d'ung nommé Jacques-de-Raincampt, dit Noury, en son temps clerc de Valenchiennes, lequel les avait escript de sa propre main. »

(1) « .. De Guy se donne assez à entendre que cette loy, et

---

(1) On trouve dans les coutumes de la ville de Valenciennes, deux chapitres sur ce sujet. L'un est intitulé : *De la franchise de la ville pour debtes*, l'autre : *De la franchise de la dicte ville au fait des crimes.*

consacré par l'usage, et pour faire partie des coutumes d'une cité ou d'un peuple, a souvent besoin de bien des années (1).

» les privilèges y contenus ne furent pas tant donnés par le
» comte Baudouin, que confirmés, et mis par écrit, ce qui
» estait en vigueur auparavant, en suite des conditions couchées dans le contrat de l'acquest du comté et ville de Valenciennes ; qui portait que ladite ville serait maintenue en ses
» droits, coustumes et franchises. » (d'Outreman, p. 119.)

(1) En feuilletant un précieux manuscrit contenant les extraits de divers titres, lettres, etc., relatifs à la ville de Valenciennes, et qui paraît être un recueil de matériaux amassés par Simon Leboucq, pour écrire l'histoire de cette ville, nous avons lu ce qui suit : « Il y a en cette ville 3 magistrats dont le premier et
» suprême qui consiste en un prévôt, 12 jurés et échevins y a
» été institué de long-temps par Baudouin comte de Mons, fils
» de Richilde, comme appert par une sienne charte de 1102,
» nommée en ce temps la loi du grand bourg... » Ces lignes ont été extraites des papiers de *Thiéry Ghisbert*, sous-prieur de Saint-Saulve en 1606, ainsi que le porte la rubrique du chapitre. Signalons tout d'abord les deux erreurs capitales qui s'y rencontrent : — Baudouin de Mons n'était pas le fils mais l'époux de Richilde ; — il mourut en 1070 et la Charte qu'on lui attribue, on la date de 1102. Ces deux erreurs nous conduisent à douter du texte et de la Charte même de 1102, et ce doute, nous en trouvons l'appui dans l'histoire elle-même de Simon Leboucq. Nous avons dit tout-à-l'heure que le texte par nous cité faisait partie des nombreux matériaux recueillis par cet écrivain pour son histoire de Valenciennes ; — Eh bien, Simon Le Boucq qui rapporte avec complaisance le texte entier de la Charte de 1114, non-seulement passe sous silence celle de 1102, mais paraît formellement la contredire. Il semblerait en

Le prévôt (*præpositus*), c'était le chef du pouvoir municipal, et suivant la loi de MCXIV il devait être nommé par le conseil du comte et des jurés de la paix, et en cas de refus du comte, par les jurés *et les hommes de la paix*.

Ces derniers avaient donc, dans certains cas, quelque part à la nomination du prévôt. N'en auraient-ils jamais eu à la nomination des jurés et des échevins ?

Pour éclaircir ce doute, jetons d'abord un coup-d'œil sur les premières lois générales qui réglèrent le mode de nomination des échevins. Depuis Charlemagne seulement, les échevins apparaissent dans l'histoire comme magistrats permanens (1). Ils furent, de la part de ce roi législateur, l'objet de plusieurs capitulaires. L'un à la date de 803, ordonne que les envoyés royaux (*missi dominici*), choisissent des échevins dans tous les lieux (2). Un autre de 809, que les prévôt, échevins, etc., soient choisis *avec le comte*

---

effet que la Charte de 1102, si elle est réelle, créa l'institution des prévôts et échevins, et cependant dans son histoire civile de Valenciennes, Simon Leboucq parle de prévôts et d'échevins bien avant le XIIe siècle.

(1) V. Guizot. — Essai, etc., p. 272 et 273.

(2) III. Ut missi nostri scabinios.... per singula eligant. (Baluzius. — Cap. Reg. Franc. T. 1, p. 393). Nous serions tenté de reporter à cette époque la création des échevins de Valenciennes, lieu où Charlemagne tint la seconde assemblée des états de son royaume.

et le peuple (1) Un capitulaire de Louis-le-Débonnaire, 829, ordonne aux *missi dominici*, de destituer les mauvais échevins, et d'en choisir de bons à leurs lieu et place *avec le concours de tout le peuple* (2). Charles-le-Chauve, dans un capitulaire de 870, fait précisément la même injonction à ses délégués (3). Les capitulaires tirés de la loi des lombards contiennent des dispositions semblables (4).

La loi générale qui découle de ces titres, c'est que dans le principe, il y avait élection des échevins, et que cette élection relevait et du comte et du peuple, quelquefois même du peuple seul (5). — Pour nier

---

(1) XXII. Ut judices.... præpositi, scabinei.... cum comite et populo eligantur... (*Ibid* 466.)

(2) II. Ut missi nostri ubicumque malos scabineos inveniunt, ejiciant, et *totius populi consensu* in loco eorum bonos eligant. (*Ibid.* 665). Remarquons que dans ce capitulaire on demande le concours du peuple, et non celui du comte. V. le Capit. de 809.

(3) IX. Ut sicut, etc. (*Ibid.* t. 2, 252.)

(4) XX. Ut missi nostri.... cum *totius populi consensu* bonos eligant.

(5) M. *Guizot* (Essai, etc., p. 275), paraît douter que les échevins fussent véritablement électifs dans toute l'acception du mot. « On reconnait bien, dit-il, dans la forme de cette no-
» mination, quelque reste des institutions libres, mais non
» une élection véritable. » M. Guizot semble appuyer cette opinion sur le capitulaire de 803 qui ne mentionne pas la participation du peuple dans le choix des échevins par les *Missi*. Re-

l'élection dans notre propre cité, il faudrait donc une exception formelle au principe général, la rencontrons-nous dans la charte de Baudouin III ?

Après avoir parlé de l'élection du prévôt par le comte, les jurés et les hommes de la paix, la charte ajoute : *Quicumque fuerit præpositus aut juratus pacis legitime electus.* Cette disposition met sur la même ligne le prévôt et le juré, donc tous deux étaient soumis à un mode électif. Une charte de 1302, due à Jean d'Avesnes, porte : « Et si volons et coman-
» dons ke eskiévin soient fait en notre dite ville cas-
» chun an *dore en avant par nous ou par nos gens*
» aportant nos lettres... » Nous conclurons de cette charte : 1.° Que sous l'empire de la loi de MCXIV, l'élection des jurés et échevins relevait en tout ou en partie des hommes de la paix ; 2.° qu'à dater de 1302 (*dore en avant*) le comte l'usurpa à son profit seul (1).

Sous l'empire de la loi de paix, Valenciennes jouis-

---

marquons que tous les autres capitulaires, à partir de 809, se terminent par ces mots bien formels : *Cum consensu totius populi.*

(1) Il existe une Charte du même comte Jean d'Avesnes, en date de septembre 1290, où se lisent ces mots : « Et si devons
» faire eskiévins, jurez de la paix, preudommes et souffisant
» bourgeois de la ville. » Cela ne nous paraît pas assez formel pour indiquer que dès-lors le comte fit *seul* les échevins. Il les créait comme jadis les *Missi dominici*, avec le concours du peuple. (*Cum consensu populi.*)

sait donc de certaines libertés municipales. Elle était appelée à l'élection de ses magistrats, et c'était là le plus beau des priviléges que revendiquaient les communes au moyen-âge (1).

Sa loi n'était pas seulement une loi de police. Si en garantissant le bon ordre dans la cité, elle ne garantissait pas expressément les droits municipaux, elle les constatait du moins, et constater l'exercice d'un droit, c'est presque le garantir (2).

A part les libertés politiques, pour ainsi dire, on rencontre dans la charte de MCXIV bon nombre de prescriptions ayant pour objet la sécurité intérieure de la ville. Le marché y a ses priviléges, la loi de paix

---

(1) « Qui considérera de près le gouvernement et les priviléges de cette ville, il recognoistra aisément qu'elle a jadis tenu forme de république; de laquelle le prince estait chef protecteur et seigneur si vous-voulez. » (d'Oultreman, p. 332.)

(2) Aug. Thierry (Récits, etc., t. 1, p. 294), à propos des *Etablissemens de Paix*, cite en passant la charte de 1114, et dit : » L'établissement de paix, institution dont la Charte municipale de Valenciennes présente le type le plus pur et le plus complet.... garantissait le bon ordre dans la cité mais non les droits de citoyen, et supprimait le principe de résistance; principe actif et politique des associations sous le serment... » La Charte de Baudouin est en effet avant tout une loi de police; mais tel n'est pas son caractère unique. Quant au principe de résistance nous verrons plus loin qu'un *Etablissement de paix* ne le supprimait pas toujours.

ses garanties, le vol, les injures, des peines graves et sévères.

« .... Tout marchand venant au marché de Valenciennes sera protégé tout le temps de ce marché, lui et ses marchandises.... *depuis le jeudi au lever du soleil jusqu'au lundi suivant* (1).... Toute personne de l'avouerie venant au marché de Valenciennes ou revenant de ce marché ne pourra être prise par son propre seigneur.... »

Telle était la minime exigence de ces bourgeois du moyen-âge, que ce qui forme aujourd'hui le droit commun, la liberté d'aller, de venir, de vendre, d'acheter, était inscrit dans leurs chartes parmi leurs plus beaux priviléges.

« Dans le cas où le coupable (il s'agit de vol), nieràit et ne pourrait être convaincu par des témoins, si celui qui a éprouvé le dommage l'appelle en duel.... le coupable sera tenu de se défendre par le duel.

» Le coupable pourra se disculper par le serment de son seigneur, ou par le serment de trois témoins. »

---

(1) Cette disposition confirme ce que nous avons dit plus haut, que la paix de MCXIV paraît être une application de la trève de Dieu. Cette trève s'étendait en effet, comme la disposition que nous rapportons, depuis la première heure du jeudi jusqu'à la première heure du lundi.

Le serment des *conjuratores* et le combat judiciaire, ce sont là deux institutions d'origine germaine, dont la conquête a doté la Gaule.

« Si le comte prend quelque chose à un homme de la paix, les jurés enverront avertir le comte de réparer le dommage....

» Si le comte jure que le fait qu'on lui impute n'est pas manifeste, l'envoyé citera le comte à comparaitre.... *devant les jurés de la paix.*

» Nul... ne pourra amener avec lui dans la ville celui qui aurait enfreint une fois la paix.

» ..... Lorsqu'une alarme répandue dans la ville, obligera de sonner le couvre-feu et le Beffroi, quiconque ne prendra pas les armes et ne se rendra pas immédiatement sur le lieu où sera le bruit, paiera cinq sous, etc...... »

Le Beffroi, vigilant gardien de nos libertés, c'était la tour du peuple élevée contre le donjon féodal ; — il appelait aux combats, avertissait des périls, — il s'élevait audacieux comme la liberté du sein de nos murailles..... Depuis long-temps le souffle de la tempête a dispersé jusqu'aux débris du donjon féodal, le beffroi, symbole de nos libertés communales, a seul traversé les âges.... Aujourd'hui, il sonne encore l'alarme, l'incendie, — il appelle à la délibération le conseil de la commune, car Valenciennes est du petit nombre de ces villes du nord, où s'est conservé cet antique usage, mais ce n'est plus les armes à la main que l'on se rend à son appel; depuis long-temps nos libertés s'exercent sans périls (1).

» Quiconque tiendra des propos injurieux contre les hommes de la paix en disant : Vous, hommes de la paix, vous êtes parjures, ou vous l'avez été.... il sera tenu.... de se justifier avec trois témoins, sinon la marque du comte lui sera appliquée brûlante sur le front en public....

» Quand les hommes de la paix feront sonner les deux cloches de l'église en même temps, les connétables (*connestabularii*) devront s'assembler devant la chapelle de Saint-Pierre, et y attendre les ordres qu'on aura à leur donner.

» Lorsque les habitans sortiront de la ville pour s'exercer au jeu de la lance, pour faire un tournoi ou autres exercices semblables.... nul ne sera tenu de se garder de son ennemi mortel.... et malheur à celui qui aura frappé, tué ou blessé son ennemi mortel.... il sera coupable d'avoir violé la paix....

» Les décisions émanées des jurés de la paix.... ne pourront jamais être critiquées... parce qu'elles sont le fait de la justice et du prince...

» Si un homme a une haine déclarée contre quel-

---

(1) Le beffroi actuel date de 1237.

qu'un et le poursuit, il lui sera offert de la part des hommes de la paix ce qui sera juste et raisonnable ; il devra accepter ce qui aura été réglé amiablement.... autrement il sera regardé comme coupable d'infraction à la paix....

» Les chevaliers seront jugés par leurs seigneurs et suivant les lois de la haute cour ; mais les bourgeois seront jugés par les échevins de la paix.... Les vols et rapines... seront jugés par les jurés de la paix.

» La justice de la paix, par les sentences des échevins ou des jurés ne peut jamais faire perdre au comte les droits ni la juridiction qui lui appartiennent.

» Celui qui prendra un homme aux cheveux ou à la barbe pour l'injurier.... paiera dix sous d'amende. »

A considérer ces diverses dispositions de la charte de MCXIV, la plupart prohibitives et destinées à protéger contre les abus de la force, on reconnaît, pour ainsi dire, dans cette œuvre de législation, un premier pas hors de la barbarie ; c'est par les lois pénales que l'humanité débute dans la carrière législative.

» Quiconque aura été légitimement élu prévôt ou juré de la paix, aura une nuit et un jour de réflexion pour accepter ou refuser cette charge.... S'il la refuse, il paiera cent sous d'amende ou sa maison sera confisquée ou détruite de fond en comble (1).

---

(1) Tel est le premier texte écrit qui nous révèle l'existence

» Tout homme qui ayant violé la paix sera sommé de comparaître devant les jurés, devra s'y rendre au jour fixé.... S'il ne comparaît pas, il sera déclaré coupable d'avoir violé la paix.... On adjugera au plaignant toutes les fins de sa demande, et la maison du condamné sera confisquée et détruite de fond en comble.

» Toutes les conditions de la paix qui précèdent ont été jurées par ledit comte Baudouin, sa femme Yolende, et ses princes, chevaliers et barons qui ont fait serment de les observer fidèlement. Après quoi le comte Baudouin a reçu publiquement la foi et le serment de tous les jurés, ainsi que de tous les habitans de la ville et de la banlieue qui ont juré d'observer, toujours, inviolablement ladite paix. »

Ainsi se termine la charte de MCXIV. Le serment de la garde inviolable se prêtait à chaque nouvel avènement, mais parmi les comtes qui gouvernèrent Valenciennes, l'histoire a noté quelque parjure.

Nous trouvons dans les fragmens *des grandes histoires du Hainaut*, dont nous avons parlé plus haut, quelques chapitres qui paraissent servir de complément ou de suite à la charte de MCXIV. Le premier a pour titre : *Le serment que fait le sires de Valenchiennes....*

---

de ce droit étrange, dont un ancien tableau qui décore aujourd'hui la mairie de la ville, nous a transmis le fidèle souvenir.

« Sire,... avés en convent de sauver et garder, et à maintenir les franchises, le loy, le uz et les coustumes de la ville, en la manière que vos ancisseurs l'ont fait anchiennement.... et de tenir fermement les chartres que la ville a de vos ancisseurs, sans en rien aller à l'encontre... » (1).

Telle était en partie la formule du serment, sous la sauve-garde duquel se trouvaient nos libertés.

Ce même chapitre traite encore *des choses qui sont à dire à ung prévôt ou son lieutenant quand on fait ung bourgois.*

« Le mot bourgeois, dit J. de Bast, a désigné en général tout habitant des lieux auxquels on donnait le nom de bourg; il désigna par la suite l'habitant associé aux privilèges de ces lieux (2). » C'est sous ce dernier point de vue que le chapitre dont nous parlons envisage le titre de bourgeois, et indique les formalités à remplir pour le devenir. « Cilz prouvost ou lieutenant doibt demander à cellui qui veut devenir bourgois, s'il se garde par nul fait en le ville.... se il a demoret

---

(1) Ces fragmens rapportés par Jean Lefèvre sont-ils antérieurs à la Charte de MCXIV ? — Ces mots : *Les chartres que la ville a de vos ancisseurs,* nous portent à adopter la négative. Nous avons vu que Gislebert considère la Charte de Baudouin comme la première Charte municipale.

(2) *J. de Bast.* — Institution des Communes dans la Belgique.

an et jour an le ville (1). » Lorsque celui qui se présente a prouvé par témoins qu'il a demeuré an et jour en la ville, et que la cité n'a aucun méfait à lui reprocher, « le prévost doit à celui faire lever la main contre l'église de Saint-Jehan, et lui faire jurer de tenir la paix à toujours et inviolablement. » On devenait aussi bourgeois par la naissance, mais l'on restait toujours soumis à la prestation du serment. La charte de 1114 en impose l'obligation. « Dès qu'un enfant aura atteint sa quinzième année, il devra, s'il en est requis, jurer d'observer fidèlement la paix. S'il s'y refuse, on lui accordera un jour et une nuit pour réfléchir, après quoi, s'il y consent, on le laissera tranquille ; dans le cas contraire, il sera chassé de la ville pour toujours, et s'il a une maison, elle sera confisquée et démolie. »

Le second chapitre des fragmens de Jean Lefèvre est intitulé : *des plaix généreulx qui sont en Valenchiennes :* le suivans sont relatifs à divers points de lois et coutumes régissant la ville de Valenciennes, et ne paraissent offrir aucun intérêt historique.

Dans quelle catégorie devons-nous donc ranger une ville qui, au XII.ᵉ siècle et sans doute beaucoup

---

(1) Cette disposition finale est une réminiscence de la loi salique.

auparavant pouvait revendiquer les privilèges consignés dans la charte de MCXIV ?

Etait-ce un ancien municipe, chez lequel quelques débris de municipalité romaine avaient survécu à l'invasion ?

Etait-ce une commune selon la noble acception de ce mot au moyen-âge ? N'était-ce pas plutôt une de ces villes, filles de la conquête, à qui l'on avait octroyé des privilèges ?

A ne consulter que la charte de Baudouin et ses termes, la question est difficile à résoudre. Les élémens y sont divers, et si le mot *jurés* (1) (dans le sens de fonctionnaires municipaux), semble nous révéler des souvenirs de la municipalité romaine, le mot *échevins* (2) entaché d'origine et de souvenir teutonique, nous ramène bientôt à la conquête.

L'histoire des faits nous reste à consulter, peut-être y puiserons-nous quelqu'éclaircissement. Ici se pose tout d'abord une de ces questions qu'il est rarement donné de résoudre, je veux dire l'époque précise de la fondation d'une ville. Les faits existent avant qu'on les relate, les cités naissent et grandissent avant de rencontrer leur historien, et leur origine reste souvent un mystère. — Nous la rechercherons cependant pour

---

(1) Aug. Thierry. Récits, etc., p. 290.
(2) Aug. Thierry. Lettres sur l'histoire de France, L. XV.

Valenciennes, n'ayant du reste le besoin et le désir de la fixer que d'une manière approximative.

Un fait qui paraît maintenant hors de doute, c'est qu'aucun des historiens ou géographes romains, dont les écrits s'étendent jusque vers la moitié du V.ᵉ siècle de notre ère, ne mentionne, *d'une manière expresse*, la ville de Valenciennes. Ainsi *César, Claude Ptolemée*, *La Carte Théodosienne dite de Peutinger*, *l'Itinéraire d'Antonin*, *la Notice des Provinces et des Cités des Gaules*, etc., etc.

Cependant quelques-uns opposent un passage d'Ammien Marcellin et un mot de la notice des dignités de l'empire. Voici ce que dit Ammien Marcellin : « Valentinien.... fortifia par de hautes levées de terre les bords du Rhin,.... il garnit de plusieurs tours, dans toute la longueur de la Gaule, les lieux propres et convenables.... » (1) La notice des dignités de l'empire cite des soldats *Valentinianenses* ; — sur ces deux textes on a bâti Valenciennes. Cette ville, dit-on, fait partie des lieux que Valentinien garnit de tours et reçut son nom de cet empereur, et par *Valentinianenses* la notice ne peut entendre que des soldats de Valenciennes.

Tels sont, à part d'assez nombreuses fictions qui

---

(1) Ammien Marcellin. L. XXVIII. Chap. II.

n'ont pour elles qu'un côté poétique (1), les deux seuls textes qui paraissent indiquer l'époque que nous recherchons. Mais pourquoi cependant, si Valentinien garnit de tours, dans toute la longueur de la Gaule, les lieux propres et convenables, n'en trouve-t-on qu'un seul qui porte le nom du fondateur? (2) — On cite la notice des dignités de l'empire, nous transcrivons pour y répondre, la note que nous trouvons précisément dans les historiens des Gaules à ce sujet (3) :

« Les soldats de la Gaule tiraient leur nom ou d'une ville, ou d'un peuple, ou d'un empereur, ou de tout autre chose.... Les *Gratianenses* s'appelaient ainsi de l'empereur Gratien.... et les *Valentinianenses* de l'empereur Valentinien. »

On doit donc regarder les textes d'Ammien-Marcel-

---

(1) V. J. de Guyse. — Simon Leboucq, d'Oultreman, etc.

(2) Nous ne repoussons cependant pas d'une manière absolue, l'origine qui rattache Valenciennes au nom d'un empereur Romain. Valentinien a pu jeter une tour de défense au confluent de l'Escaut et de la Rhonelle pour protéger le pays contre l'invasion, et lorsque plus tard les conquérans eurent fait de la tour qui s'était élevée contre-eux un palais, un château, une maison royale, peut-être leur a-t-il pris envie d'emprunter à des souvenirs Romains le nom de leur nouvelle demeure. Quoi qu'il en soit, on n'a jamais jusqu'à ce jour découvert en cette ville le moindre débris de construction romaine.

(3) T. 1, p. 125.

lin et de la notice comme trop peu précis, trop peu concluans, et ce qu'on peut en induire, sans crainte d'erreur, c'est qu'en admettant même l'existence de Valenciennes à cette époque, ce ne pouvait être qu'un lieu fortifié, un château (*castrum*), qui n'avait jamais pu mériter, par son importance, le titre de municipe.

Le premier titre authentique qui parle de Valenciennes, est un diplôme cité par Mabillon (1). Il a pour titre : *Chlodovei Placitum* etc.; — il commence par ces mots, *Chlodoveus rex francorum*.... Il se termine par ceux-ci : *Datum pridie Kal. Martias annum tertio regini nostri* VALENCIANIS *in dei nomine feliciter;* — Mabillon lui donne pour date l'an 693 (2).

---

(1) Mabillon. *De re-diplomaticâ.* 1681, p. 475.

(2) A propos de ce *Placitum* cité par Mabillon, nous lisons les détails qui suivent dans un livre, ayant pour titre : *Des Etats généraux et autres assemblées nationales.* (La Haye, 1788, t. 1, p. XVIII) « ... C'est la première assemblée des Etats du royaume dont on nous ait transmis le cérémonial... On y voit outre les premiers du royaume, huit autres seigneurs qui sont simplement appelés Comte s ; huit greffiers, quatre domestiques ou gouverneurs des maisons royales, quatre référendaires dont la fonction était d'apposer le sceau du roi aux actes publics ; enfin, quatre sénéchaux... Le Comte du palais n'est nommé que le dernier... L'arrêt de l'assemblée est souscrit par un chancelier C'est ainsi qu'on appelait ceux qui écrivait ou signaient les actes que le référendaire devait sceller. »

Au VIII.ᵉ et IX.ᵉ siècles, cette ville est désignée sous le nom de *Fiscus Valencenensis*, or voici d'après M. B. Guérard (1), ce qu'on doit entendre par fisc. « Les domaines de nos rois étaient partagés pour leur administration et leur exploitation, en fiscs qui se composaient chacun d'un nombre plus ou moins considérable de *villages*, et dans la plupart desquels étaient situés des palais ou des maisons royales (2). »

Au commencement du IX.ᵉ siècle seulement Valenciennes est désignée par le mot *urbs* (3).

---

(1) Essai sur le système des divisions territoriales de la Gaule. Paris, 1832. (Mémoire couronné par l'Institut).

(2) Le *Fiscus Valencenensis*, Valenciennes, en un mot, c'était précisément un lieu fortifié (*Castrum*) renfermant un palais ou maison royale. Clovis III y séjourna ; Charlemagne en 771 y tint la seconde assemblée générale des états de son royaume. En 1225 les religieux de l'ordre de St.-François obtinrent de Jeanne, comtesse de Flandre et de Hainaut, de bâtir un couvent et une église dans les lieux où s'élevait le donjon ou Palais-Royal. (d'Oultreman, p. 443, 298). Aujourd'hui Palais et Couvent ont disparu, et l'église de St-François, appelée du nom de St-Géry, est le seul monument qui nous rappelle les lieux où étaient naguère le Palais des rois et le Couvent des frères mineurs. (*)

(3) Historiens des Gaules, t. 10, p. 128.

(*) Le château s'étendait, paraît-il, sur cette langue de terre comprise entre le deux bras de la Rhonelle et l'Escaut, dont la pointe vient aboutir au pont Néron actuel. Le lieu où s'élève aujourd'hui l'église St-Géry, était un point de sa limite méridionale. « En général le, Chasteau (dit d'Oultreman, p. 300), estait le plus ancien lieu, le plus habité et fortifié de toute la ville à laquelle il donnait ceste dénomination ; sous ce Chasteau, et alentour l'on bastissait des maisons : l'amas s'appelait Bourg ; et le pourpris de tous les deux, du Chasteau et du bourg : se nommait oppidum ville.»

Le silence des historiens romains d'une part, de l'autre les écrits des historiens de la Gaule qui ne citent Valenciennes que sur la fin dn VII.ᵉ siècle (693), et ne la désignent jusqu'au XI.ᵉ que par le mot *fiscus*, tout cela nous porte à placer son origine, après la chûte de l'empire d'Occident, entre le V.ᵉ et le VII.ᵉ siècle.

Nous avons dit plus haut, qu'en reculant même l'origine de Valenciennes au règne de Valentinien, rien ne nous permettait de considérer cette ville comme un municipe romain, — pouvons-nous l'élever au rang des communes du moyen-âge?

Dans son histoire de la civilisation en France (T 5, p. 175), M. Guizot, à propos de la question des communes, cite en entier le texte d'une charte accordée en 1128, à la commune de Laon, par le roi Louis-le-Gros. La commune de Laon fut une des plus célèbres du moyen-âge, et dans ses lettres sur l'histoire de France, M. Aug. Thierry a tracé le sombre et fidèle tableau des luttes sanglantes qui précédèrent son institution (1). Après avoir cité cette charte qui porte pour titre: *Etablissement de Paix* (2), et qui n'a pas

---

(1) Aug. Thierry. Lettres XVIII et suivantes.

(2) ..... « Une particularité remarquable c'est qu'on a évité d'écrire dans la Charte de Laon le mot de *Commune*, et que ce mot devenu trop offensif.... fut remplacé par ceux d'éta-

cette seule ressemblance avec la charte de Valenciennes, M. Guizot ajoute les réflexions suivantes :

« ..... A vrai dire, la charte de Laon ne crée point la constitution de la commune, n'ordonne rien sur la formation des magistratures locales qui en sont le nerf et la garantie. Vous y rencontrez les noms de *Maire* et de *Juré;* vous y reconnaissez l'indépendance de leur juridiction; vous y démêlez le mouvement de la vie politique, les élections,.... mais sans qu'aucun article les institue formellement. Ce sont des faits.... qu'on enregistre pour ainsi dire en passant plutôt qu'on ne les institue. Rien de bien précis.... sur les relations de la commune de Laon, soit avec le Roi,.... soit avec les seigneurs.... »

Ce que M. Guizot dit de la charte de Laon, nous pourrions pour ainsi dire l'appliquer, mot pour mot, à la charte de Valenciennes. Nous avons comparé avec attention ces deux chartes, et nous avons aperçu entr'elles une certaine analogie quant à l'étendue des libertés municipales que toutes deux ne font que constater : seulement l'une de ces deux institutions relève du roi de France, l'autre d'un comte du Hainaut, mais cette différence résulte de la position des deux villes, — le comté du Hainaut relevait alors de l'Empire (1).

---

blissement de paix, *Institutio pacis.* » Aug. Thierry. Lettre XIX.

(1) Aug. Thierry. L. XV.

Si donc les communes se jugeaient à l'étendue de leurs libertés et de leurs franchises, nous pourrions presque élever au rang des communes les plus célèbres du moyen-âge, la cité de Valenciennes ; mais c'est à la lutte à main-armée, disent les historiens, qu'il faut en rapporter l'origine et la formation (1). L'état de commune dans tout son développement, dit Aug. Thierry (2), ne s'obtint qu'à force ouverte ; — et s'il faut en croire les annales de notre cité, la sanction du sang et des combats, a manqué, à cette époque du moins, à nos libertés et à nos franchises (3).

Nous ne devons donc considérer Valenciennes que comme une de ces villes de la conquête, qui s'élevèrent et grandirent à l'ombre du château féodal et reçurent en libertés ce qu'elles donnèrent en richesses. Quand l'autorité municipale suffisait à protéger les citoyens, dit M. Raynouard (4), ils ne se constituaient

---

(1) *Ibid....* La liberté fut peu de chose dans les lieux où elle n'était qu'un don gratuit octroyé sans effort et conservé paisiblement.

(2) *Ibid.* L. XV.

(3) Le texte du titre de 1114 nous laissera cependant toujours quelque doute à cet égard. La paix c'est le lendemain de la guerre, mais cette guerre, ni l'histoire ni la tradition ne nous en ont apporté le plus léger témoignage.

(4) Histoire du droit municipal. *Introduction*, p. XLI.

pas en commune, ils n'avaient pas recours au roi pour obtenir des institutions nouvelles et augmenter l'autorité de leurs magistratures locales, — telle était sans doute la situation de notre cité (1).

En vain nous fouillerions nos vieilles annales, pour y rencontrer à cette époque, quelque récit émouvant de ces luttes orageuses qui préludèrent partout à la constitution des communes. Nous avions alors sans périls ce que d'autres n'acquéraient pas sans gloire peut-être ; mais ne portons point envie à cette gloire, à ces combats : trop souvent ils furent mêlés de deuil et de sang ; ne regrettons point l'enivrement de ces victoires, la plupart trop chèrement payées ; opposons-leur nos vieilles libertés coutumières ; rappelons-nous nos antiques franchises, — chez nous la liberté n'a fait que devancer la gloire (2).

---

(1) Les comtes de Flandre et les autres seigneurs Belges et Bataves avaient permis aux villes de se gouverner elles-mêmes à une époque antérieure à l'affranchissement des villes de France. On cite des franchises accordées en 1068 par le comte Baudouin, qui assurèrent l'élection des magistrats. (Sismondi, histoire des Français, t. 3, p. 149.)

(2) Vers la fin du XIIIe siècle, Valenciennes a eu aussi, pour la défense de ses libertés et de ses franchises, ses jours de gloire et de combats.

CHAPITRE II.

(MCXIV — MCCCV.)

Des libertés, des franchises, un droit d'asile, tels paraissent être les faits où se rattache le développement de notre cité. Mais quel fut le sort de ces privilèges et de ces franchises? Propres à protéger, dans des temps pleins d'orages, contre la violence et la force, auraient-ils disparu avec elles? Ce que l'on appelle la civilisation exclurait-il l'indépendance?...

Dans les quelques lignes qui terminent notre avant-propos, nous avons distingué trois catégories de villes jouissant de libertés locales : les Municipes, les Communes, et ces cités, d'existence moins glorieuse mais non moins libre, pour lesquelles l'histoire, au lieu d'un nom, n'a que trop souvent de l'oubli. Quelques mots achèveront leur histoire :

Parmi ces échevins, ces maires, ces jurés, ces magistrats de divers degrés et de divers noms, institués dans l'intérieur des villes, beaucoup prenaient bientôt l'envie d'y dominer. Pour échapper à la tyrannie de leurs propres magistrats, les villes eurent recours à l'intervention étrangère : elles eurent affaire d'une part à des adversaires, de l'autre à des protecteurs trop puissans ; leur indépendance ne pouvait manquer de déchoir. « On en était à cet âge de la civilisation où la sécurité ne s'achète guère qu'au prix de la liberté (1). »

Quant à ces villes, parmi lesquelles nous avons compris Valenciennes, qui ne furent ni municipes, ni communes; et qui jouirent cependant de certaines libertés, elles ne participèrent point vers la fin du XIII.e siècle à la décadence des communes proprement dites. « La liberté politique y manquait.... l'esprit d'indépendance et de résistance n'y prévalurent point... (2). »

Dans ces dernières lignes, verrons-nous tracées, comme dans un cadre fatal, les destinées de notre cité ? et si nos annales viennent à révéler à nos recherches quelque résistance, fût-elle mêlée de revers, n'en pourrons-nous conclure que chez nous la liberté politique ne manquait pas plus que l'esprit d'indépendance ?

Une rapide esquisse de la marche des événemens

---

(1) Guizot. Histoire de la civilisation française. T. 5, p. 222 et suiv.

(2) Ibid., p. 234.

depuis la charte de Baudouin III devient ici indispensable.

En 1133, alla de vie à trépas l'homme à qui Valenciennes devait la première charte de ses franchises, l'homme qui, tout comte de Hainaut qu'il était, s'intitulait volontiers comte de Valenciennes, par affection pour cette ville qui le lui rendait bien. Nous voyons en effet que par suite de la charte de 1114, les hommes de la paix rachetèrent et rendirent au comte Baudouin ses biens vendus et engagés, voulant que leur prince vécût au milieu d'eux honorablement (1).

Le comte Baudouin ne voulut point se laisser vaincre en générosité : il renonça au droit de mainmorte *qu'il avait accoutumé de lever sur tous hommes et femmes mourans en cette ville.* Touchant

---

(1) Après la clôture de la charte de 1114, Simon Leboucq (Histoire civile de Valenciennes, liv. 3, ch. 3), rapporte ce qui suit : « Sçachent tout chil qui sont et qui à venir sont, que li
» hommes de Valentiennes ou doù leur propre raccatées et ren-
» dues au comte Baulduin, ses rentes qu'il avait vendu et en-
» wagées.. Et ce ont-il fait pour chou qu'il ne pooient soufrir
» quil qui leur sires etoit, eust nulle deffaute ains vesquit entre
» yaux honnêtement... » Ce fut-là, pensons-nous, un trait de générosité des hommes de la paix, plutôt que l'accomplissement d'une condition. Quoi qu'il en soit, nous devons reconnaître que bien souvent nos libertés ne s'achetèrent qu'au poids de l'or. (V. d'Oultreman, p. 279.)

échange de procédés de prince à peuple, dont l'histoire ne révèle que peu d'exemples (1).

Baudouin, surnommé l'Edifieur, devint comte de Hainaut et de Valenciennes, et sous quelques prétextes, dont l'histoire ne rend pas bien compte, il rétablit le droit de main-morte, premier échec qu'eurent à subir nos privilèges à l'endroit de la sécurité et de la fortune des bourgeois.

En 1195, Baudouin VI, celui qui, à défaut de libertés, jeta le plus de lustre sur la ville qui lui avait donné le jour, devint comte de Flandre, de Hainaut et de Valenciennes. Il prit la croix pour la délivrance de la terre sainte. Après une suite de triomphes sur les infidèles, il fut proclamé empereur de Constantinople (1213), mais bientôt sous la couronne il trouva le martyre. Baudouin s'était senti entraîner comme tant d'autres dans ce mouvement qui précipitait l'Europe contre l'Asie, dans ces croisades, où chaque contrée fournissait tour-à-tour son contingent de pélerinage,

---

(1) Le droit de *main-morte* était un droit assez variable, qui s'exerçait à la mort, soit des serfs, soit des hommes d'une condition intermédiaire entre la complète liberté et la servitude... C'était un droit d'un grand revenu pour le seigneur... Dans certains lieux..., la personne qui héritait était obligée de payer une certaine somme au roi. (Guizot, histoire de la civilisation française. T. 5, p. 162.) A Valenciennes et dans les communes environnantes, le droit de mutation à payer par suite de décès, est encore appelé *droit de main-morte*.

et où l'humanité s'acheminant vers son berceau semblait y raviver l'instinct de l'indépendance (1).

En 1269, Jean d'Avesnes succéda aux comtés de Hainaut et de Valenciennes. Il aima et chérit grandement cette ville à laquelle lui, son père et son aïeul devaient le jour ; mais peu à peu, soit influence malveillante, soit instinct de tyrannie, il commença à s'aliéner d'elle. Jean d'Avesnes voulut toucher à l'arche sainte des coutumes et des franchises, et prétendit en abolir quelques-unes.

On députa vers lui « aucuns notables personnages de la ville, lesquels le requirent au nom de toute la communauté qu'il aurait à les maintenir et entretenir à toujours en leurs privilèges et libertés, ainsi qu'il leur avait promis et juré lorsqu'ils le reçurent pour seigneur. » Le comte accéda à cette requête, et comme garantie de sa promesse, une charte datée de septembre 1290 fut octroyée aux hommes de la paix.

Cette charte confirma tous les privilèges, lois, usages, et franchises de la paix, et entr'autres la coutume suivante, dont l'abolition avait surtout excité les alarmes.

« (2).... S'il avenait que débat meut ou fut meut

---

(1) Les croisades ont créé les grandes communes (*Guizot*, histoire de la civilisation en Europe, etc., 8ᵉ leçon.)

(2) Ce *recors des échevins* n'était point un privilège spécial à

des usages, de le loy et des franchises de la ville en quelconque manière que ce fût....., le recors des jurez et des échevins de ladite ville de Valenciennes, de chou fait sous leur serment en doit y être creu et de vous tenir pour usage, pour coutume, pour franchise, et pour loy de la ville chou qu'ils en recorderont.. »

Jean d'Avesnes ne fût pas long-temps fidèle à sa promesse. Il songea pour s'en affranchir, à avoir recours à la force ; — il envoya secrètement garnison dans le Château-le-Comte (1), dont il fit réparer et fortifier les murailles.

---

notre ville. Sous un autre nom il se retrouvait généralement dans les pays de coutume. Voici ce que nous lisons dans une brochure ayant pour titre : *Précis de l'histoire du droit civil en France, par M. Poncelet.* « Les coutumes se prouvaient autre-
» fois de deux manières. On proposait la question de droit au
» *parloir des bourgeois*..., et le prévôt des marchands et les
» principaux bourgeois donnaient leur avis sur la coutume dé-
» cisive... ? Mais on pratiquait encore un moyen plus simple et
» et qui paraît avoir remplacé le précédent. On convoquait au
» tribunal plusieurs personnes bien famées qui témoignaient
» que telle était ou n'était pas la coutume ; c'est ce qu'on ap-
» pelait *Enqueste par Tourbe.* »

(1) Nous avons déjà mentionné le château (selon la primitive acception du mot), où Valenciennes rattache son origine. Le Château-le-Comte, *Castellum*, qui existait sous Jean d'Avesnes, était une forteresse élevée pour la défense de la ville, aux lieux où se voit aujourd'hui la citadelle. Le palais que Bauduin-l'Edifieur éleva en 1169, par delà l'Escaut, reçut aussi le nom de château, ou Salle-le-Comte.

Mais les préparatifs de ces travaux ne purent échapper à l'œil vigilant des inquiets bourgeois. Le grand conseil s'assembla au son de la cloche, comme c'était la coutume, et il y fut résolu que contre le château, le peuple éleverait deux tours de défense. Toutes deux furent terminées en six semaines, tant l'œuvre plaisait à l'ouvrier. L'une qui reçut le nom de Saint-Gilles, patron de la ville, s'éleva sur les bords de l'Escaut (en face paraît-il de l'hospice des Chartriers), l'autre appelée tour de Vaucelles, s'éleva au bord du fossé existant entre la ville et le château.

Les deux partis s'observaient de trop près, pour n'en pas venir bientôt aux mains. En 1292, le Château-le-Comte fut pris, ses fortifications rasées et sa garnison égorgée sans merci. Jusqu'en 1294, la ville fut à l'abri des attaques du comte.

Bien que victorieuse, la ville comprit qu'elle avait besoin d'un puissant protecteur contre les projets de vengeance de Jean d'Avesnes. Elle appela à son secours Philippe-le-Bel. S'appuyer tour-à-tour et sur le peuple et sur les seigneurs pour les dominer l'un par l'autre, tel était depuis long-temps le rôle de la royauté. Philippe-le-Bel le savait ; il promit secours à la ville, mais à cause de ses urgentes affaires, il lui enjoignit, en attendant, de recourir à Guy comte de Flandre.

Les députés revenus à Valenciennes, on publia les

lettres du roi à la Bretèque (1). Les uns s'en réjouirent, les autres en prirent tristesse, craignant l'issue de toutes ces choses : ce que voyant, un notable bourgeois ayant nom Jacquemon Syelbars, fort aimé et estimé du peuple le harangua en plein marché :

« O mes frères et mes amis!... il me semble que je vous vois une grande amertume et douleur de cœur... Pourquoi vous attristez-vous ainsi ; — Vous savez qu'il vous convient une fois mourir soit ici ou autre part...., et pour ce tant qu'est à moi, il vaut mieux comme il me semble que nous mourions ensemble fraternellement pour nos loix soutenir et pour nos franchises et libertés défendre que si nous vivions en chétiveté ou servaige.... la porte et la voye est ouverte à tous et à chacun, qui a peur ou doute s'y s'en voise à la garde de Dieu, mais quant à moi, pour vivre et pour mourir, je demeureray avec vous. » (2)

Ces paroles touchantes relevèrent le courage des plus timides.

Quelques membres du conseil furent députés vers le comte Guy de Flandre, qui les accueillit avec bienveillance, et son fils ainé, Robert de Béthune, mit son épée au service de la ville.

---

(1) Lieu public où l'on faisait les cris et les proclamations de justice, etc.

(2) Simon Leboucq, histoire civile de Valenciennes, livre 4, chap. IV.

Jean d'Avesnes fit tenir un camp volant autour de Valenciennes pour chercher à l'affamer. Il n'y réussit que trop. Le seigneur de Montigny parut à la tête de troupes (1294) considérables, et en même temps une lettre du comte fut adressée aux habitans de la ville, qui contenait les passages suivans :

Nous Jean d'Avesnes, etc., (1) » avons avec notre conseil en Hainaut, modéré aucuns points de privilèges et mauvaises accoutumances desquels messieurs du Hainaut s'étaient tenus pour contens et nous pareillement avions advisé de ainsi faire et visiter les chartres de le ville de Valenciennes, et corriger aucunes mauvaise accoutumances que les riches bourgeois maintenaient sur les pauvres bourgeois et manans d'icelle ville, à quoi les riches bourgeois n'ont voulu obéir, mais au contraire, ils ont ému le pauvre peuple contre moy et ont gâté ma ville et château...., pour lesquelles choses bien considéré, et non sans cause contre eux animé, comme a été conclu en notre mur conseil, les voulons de tout notre pouvoir assaillir par batailles et les avons présentement et par le teneur de ces lettres, déffié et défions à feu et à sang..... »

Les habitans de la ville ne tinrent aucun compte de cette lettre ; ils renvoyèrent le héraut d'armes de Jean d'Avesnes, sans daigner lui donner réponse. La clo-

---

(1) Simon Leboucq, histoire civile Valenciennes, livre 4, chap. V.

che du beffroi sonna l'alarme ; les troupes, les bourgeois volontaires accoururent à son appel, et allèrent au pas de course attaquer le seigneur de Montigny qui avait placé son camp entre le moulin des Rôleurs et le village d'Estreux. Les troupes de Jean d'Avesnes furent culbutées, et le seigneur de Montigny ne dut la vie qu'à la vigueur de son cheval. Jean d'Avesnes apprit à Mons ces désastreuses nouvelles. Il n'en fit que persister davantage dans son cruel dessein, et bientôt à la tête lui-même de 20,000 hommes, il résolut de venir en personne assiéger Valenciennes.

Robert de Béthune l'attendit à Vicoigne et le défit complètement.

Jean d'Avesnes, tant de fois vaincu, changea de tactique. Il se borna à de fréquentes incursions qui ravagèrent le pays. Pour refouler au loin ses ennemis, la ville avait besoin de troupes plus nombreuses. Le conseil proposa au comte de Flandre de le recevoir pour seigneur s'il voulait entrer en Hainaut avec toutes ses forces. Guy de Flandre accepta, et des lettres patentes de 1296, constatent que cette même année il fut reçu comme seigneur après avoir prêté serment de maintenir et garder Valenciennes en ses priviléges et ses franchises.

Sur la demande des habitans, le comte Guy leur laissa Robert de Béthune pour gardien et pour défenseur, et voyant l'affection que l'on vouait à son fils, il se déporta en sa faveur du comté de Valenciennes.

Sur ces entrefaites, quelques démêlés étant survenus entre Philippe-le-Bel et le comte de Flandre, et la plupart des troupes qui défendaient Valenciennes s'étant retirées en Flandre, Jean d'Avesnes crut le moment venu de prendre sa revanche. Vers le milieu de 1296 il arriva donc devant cette ville, qui déjà lui avait valu tant de désastres. Mais Robert de Béthune veillait sur elle, il amenait à son secours une nombreuse armée.

Jean d'Avesnes tenta deux assauts inutiles et se retira sans attendre le comte Robert. Dès-lors il se résolut à recourir à l'intermédiaire du roi de France, pour ménager, entre lui et la ville, une paix dont il sentait vivement le besoin. Il envoya des ambassadeurs à Valenciennes, « mais aucun des principaux bourgeois ne voulurent nullement permettre les écouter, alléguant qu'ils étaient sujets au comte de Flandre et à son fils Robert.... » que Philippe-le-Bel lui-même en leur promettant aide et secours, leur avait donné le conseil de recourir, en attendant, au comte de Flandre; que ce dernier les avait jusqu'à présent aidés et secourus; qu'ils ne devaient point oublier le seul qui se fût souvenu d'eux.

Les ambassadeurs reportèrent au roi ces paroles, lui déclarant qu'il leur semblait « que le menu peuple était du tout incliné à venir à quelqu'accord, mais que les principaux de la ville en étaient du tout de contraire avis...... » Ils dirent le nom de ces bourgeois puissans, et messire Aubert de Hangest ainsi que le prévôt de Paris, délégués vers eux, leur firent sommation de comparaître sans délai devant le roi pour lui expliquer les motifs de leur conduite.

Ces nouveaux envoyés étant arrivés à la porte Cambrésienne, l'entrée de la ville leur fut rigoureusement interdite. Ils demandèrent qu'on fît venir quelques-uns de MM. du magistrat pour leur expliquer l'objet de leur mission. Cette demande leur fût accordée, et peu après ils virent venir à eux six échevins, ayant nom : *Anglebert Nogher, Jean Carbons, Wattier li loups, Jacquemont Crestiaux, Jean li prévost* et *Grard Roussiaux*.

Ceux-ci commencèrent par déclarer formellement aux ambassadeurs que sous aucun prétexte, l'entrée de la ville ne leur serait accordée, et comme les envoyés du roi en demandaient la cause, les échevins gardèrent le silence. Les envoyés déclarèrent alors que l'objet de leur mission était de sommer à comparattre devant le roi de France, douze bourgeois dont ils dirent les noms, faute de quoi Philippe-le-Bel les déclarait dès à présent ennemis et perturbateurs du bien public.

Les bourgeois eurent peu d'égard à cette sommation, assurés qu'ils étaient « que le commun n'eut rien osé entreprendre qui serait à leur préjudice, mais le contraire se trouva bien peu temps après. Car le comte Jean d'Avesnes ayant envoyé secrètement aucuns personnages en Valenciennes.... ils trouvèrent que grand nombre du commun ne désirait que la paix. »

Encouragé par le résultat de cette démarche, Jean d'Avesnes députa vers Valenciennes le seigneur de Haurech et le seigneur de Fontaines, que le peuple reçut avec grand honneur. Le lendemain de leur arrivée, les envoyés, dans une audience publique, remontrèrent le grand désir qu'avait le roi de France de voir la paix entr'eux et leur seigneur naturel. Ils dirent que Jean d'Avesnes « ne savait bonnement les occasions qui les avaient induits à se disjoindre de lui, car il ne désirait et n'avait désiré en nulle manière les désappointer de leurs privilèges, *sur quoi furent alléguées plusieurs bonnes et équitables raisons par lesdits de Valenciennes.* »

Après plusieurs jours de discussion, un traité de paix fut conclu aux conditions suivantes (1) :

« *Premièrement.* Que ceux de Valenciennes reconnaitraient Jean d'Avesnes pour leur seigneur naturel, à condition tel qu'icelui seigneur ferait serment de les maintenir en leurs privilèges et franchises, et que la chartre qu'il leur avait donné l'an 1290 serait inviolablement gardée et observée par luy et ses successeurs dont il leur en donnerait nouvelle chartre. »

---

(1) Simon Leboucq, livre 4, chap. VII.

« *Secondement*. Qu'après ces devoirs faits, l'on mettrait entre les mains dudit seigneur comte, le chasteau, à telle charge qu'il y tiendrait ses plaids, et que jamais lui ni ses successeurs ne pourraient fortifier icelui de tours ou murailles qui pourraient nuire à la ville, et que pour les réfections d'icelui château il n'emploierait annuellement que 40 sols tournois et non plus. »

« *Tiercement*. Que les douze bourgeois adjournés à la porte Cambrésienne par messire Aubert de Hangest et le prévôt de Paris, ne seraient compris en cette paix, ayant fourfait leurs corps et leurs avoir vers ledit seigneur comte, déclarant en outre que tous les enfans desdits ajourné ne pourront de ce jour en avant, être en aucun office d'icelle ville, n'y porter témoignage en quel cas que ce pourrait être. » (1).

» *Quartement*. Que les six échevins, lesquels parlèrent si irrévéramment aux susdits députés du roy de France, ne pourraient plus être en nuls offices de ladite ville, ny pareillement porter témoignage en façon quelconque, ni de même tous leurs enfans. »

---

(1) Ces douze bourgeois dont Simon Leboucq nous a transmis les noms, étaient : *Jacquemon li pères, Wattier Brochons, Regnier Saulmon, Willamme Roussiaux, Jacquemon doù Castiel, Jean Brochons, Jean de St.-Pierre; Jean ly Sauvage, Rogier Capprons, Nicolle Gouches, Huon de Tritz et Jean d'Angriel.*

Tels furent les articles de cette paix signée en l'an 1296, le jour du grand Carême. Mais ici se déroulent pour nous les pages les plus tristes de nos annales à l'endroit de la défense de nos libertés et de nos franchises.

Avec le château-le-comte, furent livrés les douze bourgeois exceptés par l'article 3 de la paix. Ils se se jetèrent aux pieds de Jean d'Avesnes, implorant sa merci, mais en vain. Pour apaiser l'orgueil blessé de Jean d'Avesnes et de Philippe-le-Bel, il fallait des victimes. Elles furent peu nombreuses, mais la vengeance racheta par son atrocité ce qu'elle avait de restreint. Les douze proscrits furent arrachés de la ville que leur courage peut-être avait sauvée de la servitude. Conduits au Quesnoy-le-Comte, ils furent enfermés chacun dans une cage de bois si petite qu'ils ne pouvaient s'y mouvoir. Ils moururent dans les plus dures privations, au milieu des plus cruelles tortures, sans une larme, ni un regret peut-être, de ceux dont ils avaient défendu la cause. Tels furent chez nous les premiers martyrs de nos libertés.

Dès cette époque, Jean d'Avesnes parut porter affection à la ville qu'il avait tant molestée. Il ne s'étudia plus qu'à la doter « *d'une meilleure police ordre et gouvernement,* » ce qu'on peut voir d'après une charte de 1302, dont voici les principales dispositions :

1° Garantie des franchises, privilèges et droits de chacun.

2° Obligation par quiconque aurait eu le maniement des deniers de la ville d'en rendre compte pardevant le conseil.

3° Taille prélevée sur chacun selon ses facultés et son état, pour subvenir aux frais de la communauté.

4° Abolition de toutes maltôtes avec interdiction de les rétablir, si ce n'est du consentement du *Commun*.

5° Défense à ceux qui ont gage du prince de pouvoir avoir office en ladite ville, etc.

Outre cette charte, Jean d'Avesnes fit encore plusieurs belles ordonnances touchant la ville. Il mourut à Valenciennes en 1305, pleuré, comme il arrive souvent, par le même peuple qu'il avait tant fait souffrir.

Tels sont les faits, — il nous reste maintenant à en chercher l'appréciation morale.

Quelle fut la cause des guerres de Jean d'Avesnes ? faut-il en accuser la conduite du comte ? faut-il en accuser les tendances aristocratiques des principaux bourgeois de la cité ?

Voici ce qu'en écrit d'Oultreman (p. 147): «... Les écrivains du temps disent que Jean d'Avesnes voulut empiéter une souveraineté absolue et indépendante des coustumes et privilèges, que les empereurs et les anciens comtes avaient donnés à cette ville, cassa le privilège qu'on disait *du record des échevins*,.... et quelques autres encore. A quoi les Valentiennois s'opposèrent formellement et insistèrent à ce que leur prince gardast les franchises et coutumes de la ville, selon le serment qu'il en avait fait à sa joyeuse entrée. Là-dessus s'éleva le débat.... De vray le comte leur avait fait de grands outrages.... » (1)

D'Oultreman mentionne en outre à ce sujet, sans en rapporter le texte, un bref du pape Nicolas IV, sous la date de 1292; nous l'avons rencontré dans le *Thesaurus novus*, ouvrage des bénédictins de St.-Maur, sous le titre de: *Miscellanea epistolarum et diplomatum* (2). Nicolas IV enjoint dans ce bref à l'évêque d'Arras de rappeler Jean d'Avesnes à l'observance de la paix qu'il avait ratifiée et confirmée par serment. Le pape expose que les prévôt, jurés et échevins, ainsi que l'universalité des habitans de la ville, lui ont démontré que Jean d'Avesnes avait promis sous la foi du serment de garder et maintenir la ville dans les coutumes, franchises et libertés dont elle jouissait

---

(1) D'Oultreman paraît ici prendre le parti des bourgeois. Mais on sent trop bien que c'est à contre-cœur qu'il se plie aux faits et aux évènemens. Aussi s'empresse-t-il d'ajouter (p. 150): « Je tranche toutes ces guerres honteuses à l'une et l'au-
» tre partie; mais désastreuses pour la ville, qui apprit à la fin
» une vieille mais véritable maxime: Qu'il ne fait pas bon de se
» jouer à son maistre, et qu'un prince de paille domte bien
» souvent un sujet d'acier. »

(2) *Thesaurus novus anecdotorum quinque in tomos distributus.* (T. 1, p. 1252).

depuis les temps les plus reculés (1) ; que cependant ce même Jean d'Avesnes et ses nobles vassaux, avaient violé leurs promesses et leurs sermens ; qu'ils avaient voulu dépouiller les hommes de la paix de leurs biens et faire plusieurs choses contraires à leurs libertés et à leurs coutumes. Le pape, en finissant, enjoint à l'évêque d'avoir recours au besoin à la censure ecclésiastique pour rappeler le comte et ses nobles au maintien de la paix, à leurs sermens, à leurs promesses. — C'est ainsi que celui qui avait soutenu les Gibelins en Italie et abaissé la puissance des Guelfes, soutenait en France les libertés populaires.

Ces textes nombreux nous paraissent préciser de la manière la plus claire, l'origine et le caractère de la lutte de la cité contre Jean d'Avesnes. Le principe de cette lutte n'a rien qui révèle la tyrannique aristocratie des bourgeois aux mains desquels se trouvait le pouvoir. La violation des privilèges et des franchises, telle en fut, il n'en faut point douter, la cause unique et honorable.

Après cela, si l'on veut pour ne rien omettre, se rendre compte de cette lettre de Jean d'Avesnes, dont nous avons rapporté quelques passages (v. p.46) où il dit que sa seule intention avait été de corriger

---

(1) *In consetudinibus et libertatibus.. qui in eâdem villa observati fuerant ab antiquo...*

« aucunes mauvaises accoutumances que les riches bourgeois maintenaient sur les pauvres bourgeois et manans d'icelle ville, » et que ceux-ci s'étaient laissé aveugler sur leurs propres intérêts ;—si l'on croit voir quelque confirmation de ces griefs de Jean d'Avesnes, dans cette distinction qui revient souvent sous la plume de Simon-Leboucq, entre les *principaux bourgeois* qui méconnurent la voix des ambassadeurs de Philippe-le-Bel, et les *gens du commun* qui reçurent à bras ouverts les envoyés de Jean d'Avesnes leur apportant des paroles de paix ; nous répondrons d'abord par ces lignes que nous trouvons dans d'Oultreman (p. 151) : «.... Il y avait aussi des brouillons dans la ville, qui jetaient de l'huile au feu, au lieu de l'éteindre, aigrissaient le prince et fesaient leurs affaires aux despens du public.... »

Mais les principaux motifs que nous assignerons à l'indifférence de ces *gens du commun*, qui se plaisaient à accepter comme vraie la lettre mensongère de Jean d'Avesnes ; qui se soumettaient à l'avance à toutes les conditions de paix quelles qu'elles fussent ; c'est qu'alors comme en tout temps le fardeau de la guerre écrasait surtout le peuple ;... c'est que les privilèges pour lesquels il avait prodigué son sang lui importaient peu sans doute ; c'est qu'enfin peut-être, entre Robert de Béthune et Jean d'Avesnes, il n'entrevoyait rien que le choix d'un maître. Le *commun* se sépara de l'aristocratie, qui elle aussi cependant, avait payé de ses conseils et de sa personne dans les jours de périls ; il n'eût pas même le courage de la sauver de la barbarie du vainqueur ; — cette lâcheté ne peut trouver d'excuse.

Si maintenant, poursuivant la marche que nous nous sommes tracée, nous cherchons à relier l'histoire de notre cité à quelqu'une de ces grandes divisions des villes franches du moyen-âge, nous arriverons à confirmer ce que nous avons dit déjà, que Valenciennes ne peut revendiquer le nom de Commune. Mais nous serons amené à reconnaître en outre, qu'à cette vérité générale proclamée par l'histoire, que *l'établissement de paix supprimait le principe de résistance*, notre cité a apporté une glorieuse exception.

CHAPITRE III.

(MCCCV — MDCXIX)

S i l'honneur de prendre part au gouvernement de la cité éveillait si peu l'ambition, que la charte de MCXIV se crut obligée de punir tout refus par une large peine (1), c'est que près de là était le péril. Nous n'en voulons pour preuve que la conduite de Guillaume II, comte de Hainaut. Elle nous rappellera la dure exigence de la tyrannie romaine à l'égard des décurions.

Dès son avènement (1337), Guillaume II, cita et fit comparaître devant lui, huit des principaux bourgeois qu'il accusa d'avoir mal administré les finances de la ville, « et d'avoir par ban et édit public défendu au
» peuple et bourgeois de Valenciennes, pour grevés
» et oppressés qu'ils pussent être par le prévôt et
» échevins de la ville, d'avoir recours et ressort à la

---

(1) V. p. 23.

» personne de leur seigneur et comte... (1) » Les bourgeois accusés, démontrèrent par le registre des comptes de la ville, que l'état des finances était dû non à leur mauvaise gestion ou à de folles dépenses, mais à la libéralité que la ville avait montrée à l'égard des comtes et seigneurs : Que notamment elle avait dépensé aux mariages des filles du comte Guillaume Ier, plus de 10,000 livres, et que le comte Guillaume II avait reçu d'elle de riches présens le jour où il avait été créé chevalier. Nonobstant la vérité de ces allégations, quelques-uns de ces huit bourgeois furent emprisonnés et condamnés à de grosses amendes; les autres furent bannis, et leurs enfans déclarés incapables d'exercer aucun office en cette ville.

A côté du prince, qui leur imputait l'état peu prospère des finances de la ville, se levait parfois le peuple, qui, à son tour se plaignait d'être pressuré. Il y avait là, comme toujours, deux écueils à briser tous les dévouemens, tous les courages. « L'an 1346, dit
» d'Oultreman (p. 167), il y eut une esmotion popu-
» laire en cette ville, qui est la première que l'on sça-
» che; la lie du peuple se souleva contre le magis-
» trat, à raison des maletotes, et pensa se rendre
» maistre du belfroy; mais les principaux de la ville
» s'étant joincts avec le magistrat, et ayant pris les

---

(1) d'Oultreman p. 161.

» armes contre ces mutins, ils les mirent en fuite.
» Seize des plus coupables furent décapités, et quel-
» ques autres bannis de la ville. » Comme on le voit, le magistrat savait user de représailles. Il se vengeait sur le peuple des injures du comte (1).

Les guerres de Jean d'Avesnes et la Charte de 1302, avaient porté un coup funeste à nos libertés. *Volons et comandons ke eskiévin soient fait dore enavant par nous ou par nos gens* .... Sous cette dure sentence s'était évanoui le plus précieux de nos privilèges. Les hommes de la paix comprirent qu'ils devaient chercher à modifier cette charte, que là était l'avenir de la cité, — tous leurs efforts y tendirent. En l'an 1477, les prévôt, jurés de la paix, eschevins, conseils, et toute la communauté, présentèrent respectueusement supplique à Marie, par la grâce de Dieu, duchesse de Bourgogne, comtesse de Flandre, de Hainaut, etc. Ils lui remontrèrent que de long-temps, « il a esté coustume de renou-
» veller les personnes de la loy... par le grant bailly
» de Hainau..., lequel y a toujours procédé.. en
» y commettant gens a son bon plaisir, et aucunes fois

---

(1) V. Simon le Boucq, livre V, chap. 1. — Ordonnance remarquable rendue par le magistrat, à l'occasion des murmures du peuple. Cette ordonnance en 24 articles, datée du 16 mars 1348, rappelle une grande partie des us et coutumes de la ville.

» et le plus souvent, moins ydoines que aultres....
» en délaissant les gens de bien notables.... au
» grand dommaige et intérest du bien publique....
» qu'iceulx supplians se sont naguère assemblés *en
» ung Conseil général*, où ils ont de ce communi-
» qué ensemble, et trouvé et advisé *autre façon que
» celle tenue audit renouvellement de la loy..* »
(1) Ce nouveau mode c'était l'élection, c'était la mise
en pratique de cette maxime antique que nous avons
rencontrée dans les annales d'un ancien municipe :
Quod omnes tangit ab omnibus approbetur. Marie
de Bourgogne consentit à l'essai de ce nouveau mode,
et accorda : « *Que ceste année seulement*, ils pour-
» raient eslire en chacune des paroisses de la ville..
» jusques au nombre de 37 personnes des plus gens
» de bien et de conscience... pour faire ladite élec-
» tion, et par iceulx... eslire 13 personnes notables
» et gens de bien souffisans et ydoines...., dont
» l'un ils dénommeront prévôt. (2)... « Donc, en
1477, le magistrat fut élu par la ville ; mais ce fut la
seule fois que l'on revint à l'élection par le peuple ;
l'an suivant il y fut pourvu par le gouverneur. (3) Dans

---

(1) Livre des privilèges, t. 1, feuillet 150.

(2) Ibid.

(3) Histoire de la terre et vicomté de Sebourg. Addition relative à l'histoire de Valenciennes, chap. XIX.

cette lettre de Marie de Bourgogne, datée de Bruges, le 20 avril 1477, nous trouvons la preuve d'un fait dont nous avions conscience, et qui, par cela même qu'il était dans l'ordre naturel des choses, ne se trouve nulle part formellement constaté dans l'histoire de la cité ; nous voulons dire les assemblées générales de tous les hommes de la paix (1). » Comme nos bien
» amés les prévôt, jurés de la paix, eschevins, con-
» seil, corps, et *toute la communauté de nostre*
» *ville...*, se soient naguère assemblés *en un Con-*
» *seil général...* » Ces expressions de *Communauté*, *Conseil général*, ne peuvent permettre le plus léger doute.

Après avoir relevé du Hainaut, de la Flandre, de la Bourgogne et de l'Empire, Valenciennes devait se faire espagnole. — L'archiduc Philippe, par son mariage avec Jeanne, fille du roi Ferdinand d'Aragon, hérita de la couronne de Castille. Dire ce que l'Espagne, dans son règne passager, a laissé parmi nous de ses mœurs, de ses institutions, n'est pas de notre sujet. Les rois d'Espagne, comme tous les souverains sous l'empire desquels la ville avait passé tour-à-tour, firent le serment solennel de respec-

---

(1) En France, le droit d'élire les magistrats de la Cité, celui de se réunir en assemblée générale, remontent jusqu'aux Gaulois. (Raynouard, histoire du droit municipal, introduction, p. 4.)

ter les chartes et franchises que la Cité tenait de ses comtes. Mais avec la domination espagnole s'ouvrit le XVIe siècle ; celui-ci a inscrit son passage sur le livre de nos libertés.

Le XVIe siècle, ce fut le siècle de la Réforme, « cette tentative d'affranchissement de la pensée humaine...., cette insurrection de l'esprit humain contre le pouvoir absolu dans l'ordre spirituel (1). » — Chez nous, comme dans d'autres contrées encore, la réforme fut plus contraire aux institutions libres du moyen-âge que favorable à leur développement. Voici à quoi d'Oultreman en rattache l'origine parmi nous (p. 200) : « La franchise de cette ville qui donne entrée aux debteurs et homicides, et attire toute sorte de marchans, y apporta l'hérésie.... Les étrangers se firent bourgeois pour jouir plus assurément de ses privilèges ; voire encore quelques-uns grimpèrent aux charges publiques, par le moyen desquelles ils ouvrirent les portes à l'hérésie ou la semèrent eux-mêmes. » L'an 1534, la réforme vit brûler en place publique, à Valenciennes, son premier martyr ; mais que de victimes devaient suivre la première ! Entraînée par l'ambition et l'inquiète jalousie de quelques seigneurs du pays, la ville leva l'éten-

---

(1) Guizot. Histoire générale de la civilisation en Europe. — XII leçon.

dart de la révolte. Déclarée rebelle au Roi elle fut vigoureusement assiégée, et se rendit, après trois mois de résistance, à la merci du vainqueur. Le magistrat et tous les autres officiers de la ville furent cassés, abolis. En leur place furent ordonnés quatre commissaires députés par la Cour pour gouverner la ville.

Dès lors, les bûchers n'eurent plus le temps de s'éteindre. Durant deux années entières l'exécution suivit l'exécution ; le nombre des proscrits fut immense. Grand nombre d'habitans émigrèrent volontairement d'une ville qui ne leur assurait plus d'abri tranquille, et portèrent à l'étranger leurs pénates, leurs richesses et leur industrie. Ainsi devait faire plus tard pour la France, la révocation de l'édit de Nantes.

Valenciennes fut déclarée déchue de ses droits et privilèges, et le 9 août, « fut leue en la halle par un
» huissier de la cour, la sentence rendue en Anvers
» le dernier juin 1570, laquelle en suitte de ce qu'on
» avait déclaré ceste ville deschue de tous ses privi-
» lèges, portait confiscation de tous les biens appar-
» tenans aux bourgeois d'icelle, excepté du clergé et
» de ceux qui feraient apparaitre n'avoir esté consen-
» tans ni participans aux rébellions et tumultes pas-
» sés. »

Tel fut pour nous le siècle de la réforme. Il dépeupla de ses habitans, de son industrie, de son commerce, une ville jadis florissante. Il ébrécha ses richesses, ses libertés, ses franchises, et avec elles aussi ses croyances.

Après quelques années de troubles, la ville épuisée revint à meilleure fortune. Le 18 octobre 1577, le comte de Lalaing, grand bailly du Haynaut et gouverneur de Valenciennes, en présence du grand conseil assemblé, rendit aux bourgeois tous leurs anciens privilèges, droits et franchises. Il fit prêter à tous le serment de rester fidèles à la religion catholique, apostolique et romaine, au Roi et à la Patrie !

Le 20 février, la princesse Isabelle, infante d'Espagne, et l'archiduc Albert d'Autriche, prêtèrent serment comme seigneurs et comtes de Valenciennes. Sous leur règne, en 1619, parut la dernière rédaction de nos coutumes. Voici ce que porte l'article 3 sur la création des autorités municipales. « Lesdits pré- » vôst, jurez et eschevins, incontinent qu'ils seront » *par nous ou nos commis créez* .... » Sous cet article reparaît encore l'antique charte de Jean d'Avesnes, — nous en retrouverons des vestiges jusqu'en 1789.

En parcourant ces coutumes et en les comparant à la charte de MCXIV qui fut leur point de départ, on reconnaît bien çà et là quelques lambeaux de nos libertés primitives. Mais que nous serions loin de compte, si nous demandions aux temps modernes, les libertés municipales du moyen-âge !

CHAPITRE IV.

Avant de nous réunir pour jamais à la France, et de confondre nos destinées dans la sienne, disons un dernier adieu à nos annales. Bientôt nous n'apporterons plus au foyer commun de l'histoire, qu'une part de gloire ou de malheur dont le reflet ne sera plus pour nous seuls. Enfans adoptifs d'une mère patrie, sa fortune ou ses revers seront les nôtres, et la page où elle inscrira son histoire dira des destinées communes.

Revenons donc un instant sur nos pas ; tout n'est pas dit encore sur nos institutions municipales. Çà et là, nous avons mentionné *le grand Conseil*, *le Conseil particulier*;—cette double institution mérite qu'on s'y arrête.

Nous l'avons fait entrevoir déjà, la France pour ses institutions communales fut tributaire des Républiques Italiennes du moyen-âge. « Je rappelle souvent leur » histoire, a dit M. Guizot, parce que c'est le meil-

» leur moyen d'éclairer celle des communes françai-
» ses (1). »

Dans un chapitre ayant pour titre : *Affranchissement de toutes les villes Italiennes avant le XIIe siècle* (2), l'historien des Républiques d'Italie au moyen-âge, rapporte qu'ordinairement il y avait deux Conseils dans chaque ville, outre le Conseil-général ou de tout le peuple. L'un était peu nombreux, et plus immédiatement destiné à seconder les consuls dans les fonctions que l'on croyait trop importantes pour les confier à des magistrats. « On appelait ce
» corps le Conseil de *Credenza*, c'est-à-dire con-
» seil de confiance ou conseil secret. Il était char-
» gé de l'administration des finances de la ville, de la
» surveillance sur les conseils et de toutes les relations
» extérieures de l'Etat. Un autre corps composé de
» cent conseillers ou davantage, était désigné dans
» différentes villes par les noms de Sénat, de *grand*
» *Conseil*, de *Conseil spécial*, ou de Conseil du
» peuple (3).

---

(1) Histoire de la civilisation en France, t. 5, p. 223.

(2) Sismondi, t. 1, p. 373.

(3) Les villes Italiennes étaient divisées en quatre ou six quartiers.... L'élection du Conseil de Credenza et du Sénat était répartie... entre les quartiers, en sorte qu'il y avait dans la constitution des villes un mélange du système représentatif.

Nous verrons plus loin qu'en 1477, Marie de Bourgogne ré-

Guicciardin et d'Oultreman nous ont laissé quelques détails sur les attributions de nos conseils et leurs diverses fonctions. Nous y verrons une analogie évidente avec ce que rapporte l'histoire des Républiques d'Italie. « Le magistrat de Valenciennes, dit Guicciar-
» din (1), consiste en un prevôt et 12 échevins.... et
» à ce magistrat est adjousté un autre qu'on appelle
» Conseil particulier, qui est composé de 25 autres
» citoyens... lesquels... traite des affaires de la ville. »
Ce Conseil particulier qui vient en aide au pouvoir exécutif pour ainsi dire, n'est-ce pas ce conseil de *Credenza* chargé de l'administration et de la surveillance de la ville? Comme lui, il était peu nombreux, et ses fonctions consistaient aussi à aider le principal magistrat dans l'administration de la cité.

« Ce conseil, dit d'Oultreman (2), fut institué
» comme il semble, l'an 1487. Auparavant il n'y avait
» que le grand Conseil ou général. Le Conseil-gé-
» néral ou grand Conseil est de 200 hommes repré-
» sentans toute la communauté de la ville ; et rien ne
» s'y peut conclure qu'ils ne soient cent hommes pas-

---

partit aussi entre les divers quartiers de Valenciennes, l'élection de MM. du magistrat; nouvel emprunt fait aux constitutions Italiennes.

(1) Description des Pays-Bas, p. 433.
(2) Page 357.

» sés.... Ce conseil est si ancien, qu'on n'en sait pas
» l'institution, et estait sans doute en usage dez le
» temps des premiers comtes de Valenciennes; con-
» firmé par Jean d'Avesnes... Il ne s'y traicte rien de
» la justice.... cela estant réservé au magistrat par
» l'autorité duquel ce Conseil est assemblé. » Ne rencontrons-nous pas ici la distinction que Sismondi nous indique ? Ce second Conseil, n'est-ce pas l'image frappante, de celui que l'Italie désignait par les noms de Sénat, de Grand Conseil, de Conseil du peuple ?

A côté du prevôt de la ville, mais dans un ordre hiérarchique tout différent, se trouvait le prevôt le Comte. Voici à ce sujet quelques mots que nous fournit d'Oultreman (1): « Je ne prétends pas de traiter
» en ce lieu du prevôt le Comte...... non plus que de
» son lieutenant, veu qu'ils ne sont pas du corps du
» magistrat; mais ont leur charge à part, en qualité
» d'officiers du prince..... » Dans un chapitre, ayant pour rubrique: *Pour régir et gouverner la justice*, le recueil manuscrit de Simon Leboucq, que nous avons tant de fois cité, ajoute : « Est créé par le prince et
» seigneur de Valenciennes, un officier qui se nomme
» le prevôt le Comte et pareillement un mayeur......
» Au prevôt le Comte.... compète et appartient accu-
» ser... pardevant les prevôt et jurés les délinquans...

---

(1) Page 354.

» audit mayeur compète... conjurer les échevins pour
» eux recorder les ayuwes, etc... » (1).

Pour complèter l'aperçu général que nous désirons donner sur nos institutions municipales, il nous reste à parler du livre de nos privilèges. D'Oultreman et Simon Leboucq rapportent qu'il existait aux Archives échevinales de la ville, un certain coffre rouge, dit le coffre des privilèges. On y enfermait religieusement tous les titres de franchises, privilèges, immunités octroyés à la ville. Mais les titres originaux ne pouvant résister toujours aux injures du temps, il arriva que le magistrat en fit faire des copies authentiques. Deux

---

(1) Outre le magistrat suprême, il y en at ung aultre nommé vulgairement la loy de la basse halle laquelle y est annuellement créé et renouvellé par le magistrat suprême susdit, suivant ledit privilége du comte Jean d'Avesnes, consistant en prevost, mayeur et 12 eschevins, qui ont regard et judicature sur le fait de la draperie, etc....

» Il y at encore ung aultre magistrat en la ville de Valentiennes en la seigneurie justice et juridiction de la Tasnerie que l'on appelle le petit bourg.... dont l'abbé de St.-Jean est seigneur... ou qu'il at justice moyenne et basse et y at sous soy à part mayeur, eschevins, greffier, clercq et juré, etc.. » (Libvre contenant plusieurs copies de Chartes, etc., par Simon Leboucq).

Voici ce que d'Oultreman rapporte, d'après de Guise, sur l'institution de la basse halle. (p. 109) : « Baudouin avec sa femme Richilde ... institua à Valenciennes la fraternité ou Confrérie de la halle basse comme il appert par une charte scellée de la dite dame et de son mari.

registres in-f°, contenant une foule de copies de nos vieilles chartes, sont heureusement arrivés jusqu'à nous. L'écriture de ces registres date des premières années du XVII° siècle, et la plupart des titres dont ils donnent la copie se terminent par cette mention : « Collationné aux lettres originalles ainsy signées que » dessus, estantes au coffre des privilèges de la ville » de Vallenciennes, par nous..... notaire royal et *tel* » *et tel* témoins à ce requis et appellés le etc. » Lorsqu'en 1832, la ville fit mettre en ordre ses archives municipales, une foule de papiers, quelques uns précieux, furent mis en vente. L'un des deux registres dont nous parlons était du nombre. Un amateur (1) le sauva des enchères et le replaça parmi les Archives de la ville.

Une note marginale inscrite sur le premier feuillet de ce livre indiquait un *tome séquent ;* nous le recherchâmes avec soin parmi les Archives de la ville, puis parmi les manuscrits de la bibliothèque publique de Valenciennes. Là, nous rencontrâmes le *tome séquent* dépareillé, ignorant que son prédécesseur, isolé comme lui, avait pour refuge les Archives de la ville. Il suffira de l'indiquer sans doute, pour qu'on rassemble à toujours deux tomes qu'on n'aurait jamais dû désunir.

---

(1) M. L. *Deffaux*, appelé alors à Valenciennes comme secrétaire de la mairie.

Le premier tome, manquant de couverture, contenant 273 feuillets, comprend 80 lettres, chartes, vidimus, sentences, etc. — Le premier titre dont il rapporte la copie, est le: *Privilége du comte Jean d'Avesnes auquel il jure maintenir les franchises de Valenciennes, faire eschevins et jurez de la paix bourgeois de la ville, et advenant débat que records des échevins sont tenus pour franchises et usages* (feuillet 1er). Ce titre a pour date : *septembre 1290.*

Le second est : « Réglement dudit comte de l'an
« 1302, par lequel il ordonne que les comptes de la
» ville se rendent devant le Conseil du commun d'i-
» celle. »

« Que les assizes et maltottes ne se peuvent lever
» sans l'accord du commun. »

« .... Du mayeur de la ville. »

« Des marchans d'icelle ville. »

« .... Que le Grand Conseil est composé de 200
» hommes. »

« .... Comment se garde le grand scel et manière
» d'en user. »

« Comment les escevins se renouvellent par chacun
» an au my may et qu'ils ne peuvent être qu'au tiersch
» an enssuyvant (feuillet 3) (1). »

---

(1) C'est dans cette charte de 1302 que se rencontre la dis-

En parlant des guerres de Jean d'Avesnes, nous avons cité ce réglement de 1302, dont nous donnons le titre presqu'entier. Cette charte, l'une des plus curieuses du registre que nous analysons, contient cette disposition remarquable : *Volons et commendons que touttes assisses, maletottes et coustumes cessent... et ne puissent estre relevées... si ce n'est par l'accord dun commun......* Il ne nous manquait que ce titre pour assimiler notre administration d'alors à celles des Républiques Italiennes, desquelles nous avons dit, d'après Sismondi, qu'elles avaient deux Conseils, outre le Conseil-Général de *tout le peuple.*

1477. — « Accord fait entre M. le grand bailly et
» autres officiers de Hainaut, et la ville de Valencien-
» nes, touchant ce :

«.... Comment ceulx de Valenciennes sont exempts
» du droit de winage, cauchiage. »

« Qu'ils peuvent aller armés parmi le pays de Hai-
» naut (1). »

---

position dont nous avons déjà parlé : » sy volons et commandons que Eskiévin soient faict en notre ville cascun an dore en avant par nous ou par nos gens apportant not lettres».

(1) « Quand à raison des voleurs qui infestaient les chemins, les comtes deffendirent aux hainuiers de porter les armes : jamais ils ne le firent aux Valentiennois. Mesmes par diverses lettres lesdits princes les maintindrent en ce privilége, contre ceux qui les vouloient obliger à la loy... » (D'Oultreman, **p. 285**).

« Que bourgeois de Valenciennes ne doibvent droit
» de mortemain partout où ils trépassent. »

« Serfs peuvent être receu à bourgeois et ayant
» prins franchise de la ville pour cas de crime ne peu-
» vent être constraints partir hors la ville. (Feuil-
» let 11). »

« 1396. — Privilège par lequel les bourgeois et
» manans de Valenciennes ne doivent winage, etc.,
» comme aussy qu'ils peuvent aller armez parmi le
» pays et comté de Hainaut, etc. (Feuillet 17.) »

« 1433. — Comment on a forgé monnoye d'or et
» d'argent en Valentiennes et à quelle appréciation,
» avec la commission de forges, etc. (Philippe duc de
» Bourgogne. — Feuillet 24). »

Ne regardons pas toutefois cette lettre du duc de Bourgogne comme le premier titre établissant pour Valenciennes le droit de battre monnaie. Ce privilège, l'un de ceux dont la vanité des bourgeois faisait le plus grand cas, est relaté, s'il faut en croire d'Oultreman, dans un titre de 1119. Nous nous ferons une idée de l'importance qu'y attachait la ville, en citant ces paroles de d'Oultreman (1) : « Non seulement ceste ville
« estait jadis république, mais encore elle avait de la
» seigneurie et puissance qui ressentait sa souveraine-
» té.... veu qu'on a toujours tenu pour marques de

---

(1) P. 350-353.

» souveraineté : marcher en bataille hors de la ville...
» *et avoir droict de monnoie.* »

« 1457. — Sentence rendue entre le grant bailly de
» Haynau et la ville de Valenciennes, touchant un ser
» geant de Haynau prisonnier audit Valenciennes,
» prétendu ravoir par ledit grant bailly pour le pu-
» gnir, ayant esté déclaré non fondé et que la cognois-
» sance... la pugnition... appartenait aux dits de Va-
» lenciennes. (Philippe duc de Bourgogne. — Feuil-
» let 99). »

« Comment en l'an 1477, trente sept personnes des
» paroisses de Valenciennes ont esté esleu pour créer
» un nouveau magistrat en la dite ville et prester le
» serment en la manière accoustumée en l'église de
» St.-Jean. » (Marie duchesse de Bourgogne. —
Feuillet 150) (1).

Nous avons déjà parlé de ce titre de Marie de Bourgogne qui permit, pour une année seulement, le retour à l'ancien ordre de choses. Voici ce que nous lisons à cet égard, dans l'histoire de la terre et vicomté de Sebourcq (addition relative à l'histoire de Valenciennes, chapitre XIX) : « Pour démontrer le zèle et desir qu'avait le magistrat et conseil de faire obtenir l'élection du magistrat, je produit icy que le 15° jour

---

(1) Simon Le Boucq, livre 6, ch 36, donne d'interessans détails sur cette ordonnance de Marie de Bourgogne.

du mois d'avril l'an 1477, fut le grand conseil assemblé par lequel fut délibéré et conclu qu'au plustot que faire se pourra on envoyera sire George de Quaroube et Arnould Mauton pardevers notre très redoubtée et souveraine princesse, affin d'avoir et obtenir son consentement de pouvoir faire et créer dorénavant chacun an les prevots jurez et eschevins de ceste ville....... » Cette permission leur fut octroyée par la Charte dont nous parlons, mais l'an suivant, ajoute Pierre Leboucq *y fut pourveu par le Gouverneur.*

« 1598. — Cession et donation des Pays-Bas et
» comté de Bourgogne faît par Philippe second......
» roy des Espaignes.... à Mme. Isabel Clara Eugénia
» Infante d'Espaigne lorsqu'elle s'allia par mariage à
» l'archiduc Albert. » (Feuillet 173).

« 1296. — Lettres de la paix du comte Jean d'A-
» vesnes, avecq confirmation d'aultre privilége par
» son serment et des autres franchises de la ville de
« Valenciennes. » (Feuillet 193). Nous avons donné plus haut, une analyse assez étendue de cette charte.

Suivent diverses lettres intitulées: *Lettres de non préjudice.* Ce sont des reconnaissances faites par divers comtes de Valenciennes, de sommes à eux données par la ville *en pur don et grâce spécialle,* sans préjudice pour l'avenir et sans contrevenir en rien aux priviléges de la cité. Tout en refusant au comte le droit d'exiger certains subsides, la ville s'empressait de venir à son aide, dans les circonstances difficiles.

Le tome second de nos priviléges, relié en parchemin, de 356 feuillets, contient 125 chartes, sentences, vidimus, lettres, ordonnances, etc. L'une des premières chartes a pour titre : « Lettres du comte
» Baulduin et de la comtesse Yolente sa femme don-
» nées à leur ville de Valenciennes que l'on dit lettres,
» chartes, ou loix de la Paix, translatées de latin en
» franchois, l'an 1275 au mois d'aoust. » (Feuillet 29).

Cette charte, est celle de 1114, dont nous avons donné une analyse détaillée. Jusqu'à ce jour, on croyait que Simon Le Boucq seul (*histoire civile*), avait rapporté cette traduction de Robert de Villers. — Valenciennes en possède une copie authentique.

« 1458. — Comment les clefs du Chastel le conte
» en Valentiennes ont esté remis ès mains du prevôt
» dudit Valentiennes. » (Feuillet 54).

« 1337. — Extrait de la charte que l'on dit du ressort du comte Guillaume, par laquelle les prevôt, jurez et escevins ont dict par loy et par jugement que tous officiers de la ville sont tenu le mois ensuyvant l'an de leur établissement rendre compte de leur administration pardevant le Magistrat Grand-conseil et deux establyz par le prince, etc. » (Feuillet 60).

« 1296. — Recognoissance du comte Guy que pour l'hommage à luy faict par ceulx de Valenciennes, il ne les mettera jamais hors de ses mains, rattifians tous les priviléges données à icelle ville, par le comte

Jean d'Avesnes, avecque promesse de renouveller tous les ans au my may le magistrat et que ceulx qui l'auront esté un an ne le pourront être l'an enssuyvant. » (Feuillet 68).

« 1517. — Rattification et approbation du roy Charles (*Charle-Quint*) des franchises, priviléges et libertez de la ville de Valenciennes. » (Feuillet 87).

« 1460. — Sentence touchant le droit des mortemains... duquel les bourgeois et manans de Valenciennes sont déclarez exempts partout où ils trépassent..., Serfs ayant demorez par an et jour en ladite ville sont francqs du droit de servage. » (Feuillet 142, v°).

« 1632. — Lettres pour envoyer députez de ceste ville et estat aux Estats généraux des provinces obéissantes. » (Feuillet 264).

C'est la première fois que se présente à nous l'institution des Etats généraux de la province, mais leur existence est de beaucoup antérieure. Voici ce qu'on lit à ce sujet dans l'*Histoire générale de la province d'Artois, par Hennebert* (t. 1 p. 300) : « A quelle
» époque fixer la première tenue de nos Etats provin-
» ciaux ? Elle nous reste cachée et l'on ignore égale-
» ment leur composition primitive. On connaît seule-
» ment.... que lors de leur établissement..... les re-
» présentans de la province furent partagés en trois
» ordres et que cette distribution n'a jamais varié.... »
Ce que dit l'auteur de l'histoire de l'Artois, peut s'ap-

pliquer au pays de Hainaut sans réserve (1). — Lors de la publication de l'édit de 1787, dont l'article 1ᵉʳ ordonnait l'établissement d'assemblées provinciales, là où il n'y avait pas d'Etats provinciaux, l'assemblée convoquée à Valenciennes pour délibérer sur cet édit, déclara que la province du Hainaut devait être mise au nombre de celles où il y avait des Etats provinciaux; — que les Etats du Hainaut étaient anciennement réunis à Mons, mais que les parties de cette province, qui avaient successivement passé sous la domination française, avaient cessé d'y participer faute d'indication d'un lieu pour se réunir. Louis XVI s'empressa de reconnaître l'exactitude de ces allégations. Il permit et ordonna même la continuation de ces Etats provinciaux, en leur attribuant les mêmes fonctions et pouvoirs qu'aux assemblées provinciales nouvelles.

« 1647. — Comment icelle ville a titre de seigneurie particulière et indépendante de Hainaut, ayant droit comme autres provinces d'avoir un roy ou hérault d'armes. » (Feuillet 340).

Ici se termine l'analyse du livre de nos priviléges, resté jusqu'à ce jour ignoré parmi nos Archives. Nous y avons consacré quelques pages, car il nous a paru

---

(1) D'Oultreman nous apprend (p. 288) que Valenciennes fut toujours appelée aux Etats-Généraux du pays, par lettre spéciale du prince; *pour y dire sa sentence, comme les aultres provinces.*

curieux de connaître et d'étudier ce fidèle dépositaire de nos institutions. Assurément, il est peu de villes qui aient sauvé du naufrage des temps plus de témoins de ses franchises municipales. Mais à part le livre qui a apporté jusqu'à nous l'histoire de nos institutions, il en est un autre dont la garde doit nous être chère : il dit les noms des magistrats qui depuis 1302 ont gouverné la ville (1).

En parcourant ces noms, la plupart oubliés, la pensée nous retrace les temps pleins d'orages, qu'eurent à traverser quelques-uns des hommes qu'ils rappellent. Veiller à la sécurité intérieure de la ville, défendre la liberté contre ses propres excès, et trop souvent contre l'envahissement du comte, telle était la mission toujours pénible et souvent dangereuse de ceux qui gouvernaient la cité au moyen-âge. Quelques-uns, nous l'avons dit, payèrent de leur vie la défense de nos franchises. Le livre d'or de la cité nous rappelle ces glorieux proscrits de Jean d'Avesnes ; leurs noms, comme le livre qui les a recueillis, doivent rester impérissables.

Le dernier renouvellement du magistrat inscrit sur le livre municipal, date du 23 novembre 1789. Depuis, l'œuvre est restée suspendue, le livre attend son

---

(1) En 1698, il donne pour la première fois la liste des membres composant le conseil-particulier.

continuateur. Hâtons-nous de compléter son histoire. Quelques années encore et le temps qui fuit avec nos souvenirs ne nous permettra plus de relier la tradition du passé au présent. Au monument sacré et historique de la cité, ne devons-nous pas un religieux souvenir!

CHAPITRE V.

(XVIIe ET XVIIIe SIÈCLES).

Le livre d'or de la cité a recueilli jusqu'à nos jours le nom de nos magistrats municipaux. Est-ce à dire que jusqu'à nos jours se soient perpétuées d'âge en âge, les institutions de Jean d'Avesnes, les libertés de la charte de MCXIV? A part les désastres du siècle de la réforme, nos institutions n'ont-elles pas subi de profondes atteintes? — Que devint le Hainaut, que devint la cité, alors que l'Espagne eût fait place à la France!

Lorsque Louis XIV se fût rendu maître de Valenciennes (1677), la ville obtint que le magistrat et le conseil restassent entiers dans leurs droits, juridiction, franchises, libertés et coutûmes. Le magistrat, comme par le passé, se renouvela tous les ans au 15 mai, conformément aux priviléges de la ville. Les corps et communautés des métiers, furent maintenus dans la jouissance de leurs chartes et statuts. Ainsi l'accordèrent les articles de la capitulation (1).

Rien ne fut donc changé pour nous que le nom de la patrie à laquelle nous devions appartenir pour toujours, et pour toujours aussi nous restions associés à sa bonne comme à sa mauvaise fortune.

Louis XIV respecta longtemps les institutions municipales; mais ses finances s'épuisant à force de gloire et de conquêtes, il proclama en 1692, la vénalité des charges municipales. En 1702, un nouvel édit créa des offices de lieutenans des maires pour les remplacer en cas d'absence. La plupart des communes, au prix des plus grands sacrifices, rachetèrent leurs libertés menacées.

Sous Louis XV (1717), toutes les charges vénales furent révoquées, les villes rentrèrent dans la plénitude de leurs libertés municipales.

En 1722 fut proclamée de nouveau la vénalité des offices, et après plusieurs édits qui la supprimèrent ou la rétablirent tour à tour, intervint l'édit final de 1771, qui déclara la vénalité des offices perpétuels de *maires*, *conseillers*, *eschevins*, etc.

Ces différents édits frappèrent-ils toute la France ;

---

(1) *Recueil des édits*, etc., *enregistrés au Parlement de Flandre*, t. 9, p. 258-264-269.

— notre cité à la faveur de sa capitulation put-elle en écarter l'écrasant fardeau ?

Quelques développemens deviennent ici indispensables.

Lorsque Louis XIV eût soumis à son empire une partie de la Flandre, il créa (1668) un Conseil souverain en la ville de Tournay. Le ressort de ce conseil se borna d'abord au pays conquis lors de la campagne de 1667, et s'agrandit plus tard à mesure des victoires de Louis XIV. Un édit de 1679, comprit dans ce ressort les villes de Cambrai et de Valenciennes. En 1686, le Conseil fut tranformé en *Parlement*, ayant les prérogatives attachées à ce titre, c'est-à-dire le droit d'enregistrer les édits, déclarations, lettres patentes du Roi.

En France, et par suite d'un antique usage quelquefois contesté (1), les Parlemens étaient en possession du droit de remontrance. Aucun édit n'était exécutoire pour une province qu'il n'eût été enregistré par son Parlement. A partir de l'époque que nous venons d'indiquer (1686), l'histoire du Parlement de Flandre devint un peu celle du pays.

---

(1) V. *Maximes du droit public françois tirées des capitulaires*, etc., t. 2, p. 19 et s. — Répertoire de *Guyot*, V. parlement — V. en outre dans le *Recueil des édits du Parlement de Flandre*, une declaration de 1715, ayant pour titre : *Permission aux cours supérieures de faire des remontrances avant l'enregistrement des édits et déclarations*. (T. 4, p. 364).

Nous avons donc feuilleté avec soin le *Recueil des édits, déclarations, lettres patentes, etc., enregistrées au Parlement de Flandre.* C'est en vain qu'ailleurs nous eussions cherché pour l'histoire de notre cité, des renseignemens sur cette époque si peu loin de nous;—aucun temps ne nous a paru plus pauvre en documens historiques.

Le Parlement de Flandre enregistra la plupart des édits que nous venons d'indiquer (1). Ainsi, la vénalité des offices municipaux y fut proclamée et abolie tour à tour, selon les besoins du moment. Il nous a paru curieux de citer les motifs de quelques-uns de ces édits.

En 1692, par exemple, Louis XIV créa des maires perpétuels dans toutes les villes de son royaume. Ces

---

(1). Voici la liste des principaux édits relatifs aux municipalités, etc., enregistrés au livre du Parlement de Flandre.

Edit de	1699,	T.	2,	p.	101.
»	1704	»	3	»	433.
»	1714	»	4	»	280.
»	1717	»	»	»	568.
»	1717	»	»	»	575.
»	1722	»	5	»	70.
»	1722	»	»	»	255.
»	1735	»	»	»	585.
»	1771	»	7	»	417.
»	1774	»	7	»	726.

officiers « n'étant point redevables de leurs charges
» aux suffrages des particuliers, porte l'édit, en exer-
» ceront les fonctions *sans passion*... Etant *perpé-*
» *tuels* ils seront en état d'acquérir une connaissance
» parfaite de leurs communautés. »

En 1704 paraît un édit portant augmentation de gages pour les maires, assesseurs, et autres officiers. Cette fois, l'édit a pour motifs: « la nécessité de trouver des secours extraordinaires pour soutenir les dépenses de la guerre. » Ces motifs n'étaient que trop réels.

En 1714, nouvel édit enregistré comme les autres au Parlement de Flandre, qui supprime les offices de maires, lieutenans de maires, et autres officiers des Hôtels-de-Ville qui restent à vendre ou à réunir.

« Les conjonctures et la longue durée des guerres, » dit encore Louis XIV dans cet édit, nous ont mis dans la nécessité de recourir à des ressources extraordinaires. Nous avons créé différents offices dont la vente devait nous donner ces ressources. Mais « pour rétablir dans
» les communes l'ordre qui y était établi pour l'*élec-*
» *tion* des maires, etc., nous avons résolu de per-
» mettre aux communautés de déposséder les acqué-
» reurs et titulaires de ces offices, en les tenant in-
» demnisés de ce qu'ils se trouveront avoir payé... »

Tous ces édits n'étaient donc au fond qu'une mesure fiscale. Leur but, il faut le reconnaître, était de forcer les communes à payer ou à racheter elles-mêmes leurs franchises et leurs libertés. — Il est peu glorieux, pour le règne de Louis XIV, de n'avoir pu trouver, ailleurs que dans cette vénalité, des ressources financières.

L'analyse du livre du Parlement de Flandre nous mène donc à cette conclusion : que notre province et notre ville, à l'exemple de bien d'autres, durent plier sous le coup des édits de vénalité qui mirent à l'encan nos libertés municipales. Assurons-nous seulement, pour l'honneur de la cité, si les hommes de la Paix surent racheter par l'or, comme jadis ils avaient sauvé par le sang, leurs libertés et leurs franchises. Le livre du magistrat est ici notre seul guide. Nous l'avons ouvert à partir de 1692, et dès cette époque jusqu'en 1789, nous nous sommes assuré, que le renouvellement de MM. du magistrat s'était continué comme par le passé. Ce renouvellement, il est vrai, n'est plus annuel ; quelquefois le même magistrat se continue deux, trois ou quatre années. Mais dès avant 1692, notre livre municipal constate cette infraction à la charte de 1302. Les édits de vénalité n'ont donc rien changé à nos institutions municipales. — Valenciennes a donc racheté ses privilèges.

Mais déjà l'histoire de la cité se perd dans l'histoire de France, et la France elle-même touche au seuil de cette révolution, dont le premier soin fut de raviver partout, les libertés municipales. La loi du 14 décembre 1789 abolit les anciennes municipalités (1), et déclara que les membres des municipalités nouvelles seraient soumis à l'élection. Son article 5 est ainsi conçu : « Tous les citoyens actifs de chaque ville, bourg, paroisse, ou communauté, pourront concourir à l'élection des membres du corps municipal. » C'était pour ainsi dire revenir au point de départ, à ces libertés innées sur le sol de la Gaule et que ni Rome ni la Germanie n'avaient eu besoin d'y implanter. Mais, pour s'acheminer par cette succession lente des âges, à travers le despotisme, la barbarie, l'anarchie et la féodalité, que de sang, que d'or ont couté en France les libertés populaires !

Il nous reste à rappeler, comme dernière page de l'histoire de la cité, un document qui nous a paru mériter quelqu'attention.

Lorsque Louis XVI eût convoqué les Etats-généraux (1er mai 1789), des commissaires furent élus par la commune de Valenciennes, pour rédiger le *cahier des remontrances, demandes, plaintes et doléances*, que devaient porter aux pieds du trône les deux députés de la ville (2). Voici les principales

---

(1) Dans la fameuse nuit du 4 août 1789, l'assemblée constituante avait déjà supprimé la vénalité des offices de judicature et de municipalité.

(2) Ces deux députés, les premiers qu'ait élus Valenciennes, furent MM. J.-C. Perdry et Paul-Joseph Nicodème.

dispositions de ce dernier acte de la commune (1):

« MM. les députés veilleront avec attention et fermeté, à ce que l'ordre du tiers-état reçoive de la part des deux autres, les égards qu'il a droit d'en attendre. Ils soutiendront, sans pouvoir s'en écarter, que les voix doivent être comptées par tête et non par ordre ; — ils exigeront que le tiers se trouve toujours en nombre égal aux deux autres ordres.

« Ils demanderont le retour périodique des Etats-généraux, — le rétablissement des communes dans le droit naturel de gérer leurs affaires sans aucune entrave, — la liberté individuelle, la suppression entière des lettres de cachet, des loteries, des monts-de-piété, de la torture. — Ils demanderont la liberté de la presse sous les modifications à arrêter par les Etats-

---

(1) Les commissaires-rédacteurs de ce cahier de remontrances, étaient : MM. *Moreau* père, avocat, *De Langle*, curé et doyen de St-Jacques, *Perdry* l'ainé, avocats, *Pourtalès*, *Nicodème*, *Barrier*, *Borniche*, négocians, *Perdry* cadet, avocat, *Prouveur* de Pont, *Castillon*, *Grenet*, avocats, *Jamart*, le comte d'*Espiennes*, le *Hardy*, chevalier, seigneur de la loge, *Lallemant*, curé, *Morel*, *Mustellier*, doyen du chapitre de St.-Géry. Aujourd'hui il n'existe plus qu'un seul de ces commissaires rédacteurs : M. *Prouveur* de Pont, baron de Grouard.

Le cahier de remontrances commence par déclarer et reconnaître que Valenciennes est un Comté distinct et séparé de celui du Hainaut ; et que les trois ordres se trouvent confondus dans son administration.

généraux, — l'uniformité des poids et mesures pour tout le royaume.

Après les prescriptions d'intérêt général, viennent quelques articles relatifs aux intérêts de la ville :

« MM. les députés demanderont que Valenciennes rentre dans le droit d'administrer seule et librement ses affaires ; — que la ville soit divisée en 25 quartiers, et que les habitans de chaque quartier (payant impositions, mariés ou âgés de 25 ans), élisent huit représentans, lesquels formeront seuls le grand conseil d'administration et nommeront les prevôt, jurés-échevins, dont la nomination devra être approuvée par le Roi.

Que personne ne puisse être du Grand-Conseil en vertu de ses charges et offices, — que le Grand-Conseil puisse seul délibérer des affaires majeures, — qu'il choisisse parmi ses membres 30 personnes qui composeront le Conseil particulier, et géreront les affaires non réservées au Grand-Conseil, — que le Grand-Conseil soit présidé par le corps du magistrat, — que le magistrat convoque les assemblées du Grand-Conseil et du Conseil particulier, etc., etc. (1).

---

(1) Parmi les prescriptions du cahier de remontrances, se rencontrent encore celles qui suivent : — « Ils solliciteront la liberté de la navigation par l'Escaut — le passage de la navigation par la ville même de Valenciennes — la suppression des droits imposés sur le charbon. » — Les députés étaient en ou-

Peu de cahiers de remontrances furent, sans doute, plus complets que le nôtre. Chacun sait ce que fit la révolution pour ce Tiers-état, dernière personnification des libertés municipales. Quant à ce que demandait la ville pour l'intérêt particulier de ses habitans, elle eut bientôt satisfaction. Le Calendrier de Valenciennes, pour l'année 1790, nous donne la liste des hommes élus par les 25 quartiers de la ville, la liste du magistrat nommé par le Roi sur la présentation de la cité, et enfin le nom des membres du Conseil particulier, choisis parmi les personnes composant le Grand-Conseil (1).

---

tre chargés de réclamer contre un édit du 14 mars 1789 qui rendait les intendans de la province seuls maîtres et administrateurs des biens et affaires de la commune.

(1) Le Magistrat désigné dans le Calendrier de 1790, fut installé le 27 novembre 1789, c'est-à-dire avant la loi du 14 décembre qui changea pour tous et le mode d'élection et la dénomination des autorités municipales.

A lire cette courte histoire de nos institutions communales, on remarquera quelques époques de triste mais glorieux souvenir, où la liberté fut chez nous en péril. Par là, nos destinées se rattachent à celles des communes du moyen-âge.— Notre cité a dû son origine et son développement à un droit d'asile, à des privilèges, à des franchises; là, se reconnaît l'influence du municipe. — A tout prendre, nous n'aurons eu ni les libertés sans orage du municipe Romain, ni les brillantes destinées, ni les revers des communes. *Cambrai*, *Laon*, et bien d'autres villes du Nord de la France, peuvent revendiquer de plus glorieuses annales; mais le plus souvent, il faut le reconnaître, la liberté n'y eut qu'une lugubre histoire.

TABLE.

— Origine des Municipes.. Page 5
— En quoi consistaient les droits et offices municipaux. 6
— Les institutions municipales tournent à la ruine de la Gaule..... ibid.
— Influence de la société Chrétienne et des invasions barbares sur les institutions municipales. 7
— Décadence des Municipes. — La féodalité triomphe de la barbarie. — Naissance des communes................................ 9 — 10
— Distinction à établir entre les diverses cités au moyen-âge : *Communes* — *Municipes* — *villes ayant diverses franchises*............... 10

— Etablissement de Paix à Valenciennes. — Charte de MCXIV..... 12
— Droits municipaux qui y sont constatés. — Incertitude sur leur origine. 14
— Des Echevins. — Mode de leur nomination................... 18
— Analyse de la Charte de MCXIV............................... 21
— Divers fragments complétant la Charte de MCXIV 25
— Ce qu'était un bourgeois. — Comment on le devenait à Valenciennes 27
— Dans quelle catégorie des villes franches du moyen-âge peut-on ranger Valenciennes ? 28
— Quelques mots sur l'origine de cette ville.................... 29
— Valenciennes n'a été ni *Commune* ni *Municipe*................ 34

— Destinées des communes, municipes, etc............... 37
— Esquisse des principaux événemens de l'Histoire de Valenciennes, depuis Baudouin III jusqu'à Jean d'Avesnes........................ 39
— Jean d'Avesnes veut abolir quelques privilèges. — Charte de 1290 42
— Jean d'Avesnes veut dominer la ville. — La cité résiste et détruit le Château-le-Comte (1292) 43-44
— Valenciennes a recours à Philippe-le-Bel, puis à Guy, comte de Flandre 44
— Jean d'Avesnes assiège la ville sans succès. — Il a recours à la médiation de Philippe-le-Bel....................................... 48

— La paix est conclue (1296). — Conditions de cette paix... 50-51
— Charte de 1302............... 52
— Mort de Jean d'Avesnes............ 53
— Véritable cause des guerres de Jean d'Avesnes.......... ...... Ibid.

— Guillaume II accuse quelques bourgeois de malversation....... 58
— Révolte du peuple au sujet des maltôtes..................... 59
— On revient à l'élection des magistrats municipaux par le peuple. 61
— Valenciennes relève de l'Espagne. — Influence de la réforme sur les libertés municipales.................................... 62-63
— Valenciennes déchue de ses privilèges. — Nombreuses exécutions. — Emigration d'une grande partie des habitans............... 64
— Valenciennes réintégrée dans ses privilèges................. 65

— Origine du grand Conseil et du Conseil Particulier. — Leurs fonctions.. 66 et s.
— Prévôt le Comte. — Mayeur.............................. 69
— Livre des privilèges. — Analyse........................ 70
— Institution des Etats généraux de la province............ 78
— Le Livre d'or.. 80

— Prise de Valenciennes par Louis XIV (1677). — Capitulation assurant ses privilèges...... 82
— Vénalité des charges municipales.................. 83
— Organisation municipale de 1789......................... 87
— Rédaction du cahier des remontrances, etc................,,.. 88

www.ingramcontent.com/pod-product-compliance
Lightning Source LLC
LaVergne TN
LVHW050643090426
835512LV00007B/1013